公安科技查新实用指南

《公安科技查新实用指南》编写组　编著

群众出版社
·北　京·

图书在版编目（CIP）数据

公安科技查新实用指南/《公安科技查新实用指南》编写组编著．—北京：群众出版社，2015.3

ISBN 978-7-5014-5332-0

Ⅰ.①公…　Ⅱ.①公…　Ⅲ.①公安工作—科技情报—情报检索

Ⅳ.①D631②G252.7

中国版本图书馆 CIP 数据核字（2015）第 042988 号

公安科技查新实用指南

《公安科技查新实用指南》编写组　编著

出版发行：群众出版社
地　　址：北京市西城区木樨地南里
邮政编码：100038
经　　销：新华书店
印　　刷：北京兴华昌盛印刷有限公司

版　　次：2015 年 3 月第 1 版
印　　次：2015 年 3 月第 1 次
印　　张：15.75
开　　本：787 毫米×1092 毫米　1/16
字　　数：173 千字

书　　号：ISBN 978-7-5014-5332-0
定　　价：49.00 元

网　　址：www.qzcbs.com
电子邮箱：qzcbs@ sohu.com

营销中心电话：010-83903254
读者服务部电话（门市）：010-83903257
警官读者俱乐部电话（网购、邮购）：010-83903253
公安综合分社电话：010-83901870

编辑委员会

前 言

近年来，随着我国科技强警战略的深入实施和公安科技事业的快速发展，公安科技查新工作以其能为科研立项、成果鉴定、项目验收和科技成果奖励申报等提供第三方客观性的科技信息评价而受到各级公安科技管理部门以及广大科技人员的欢迎，对提升公安科研项目研究水平和提高警用装备器材研发质量起到了基础性的信息保障作用。为了进一步发挥公安科技查新的作用，使其更好地服务于各级公安科技管理和技术研发工作，公安部科学技术信息研究所（以下简称信息所，现隶属公安部第一研究所）经上级管理部门批准，于2013年年中成立了专门的项目组对公安科技查新进行专题研究。经过近两年的努力，项目组在对信息所二十多年来的公安科技查新工作进行深入总结和与国内同行进行广泛交流的基础上，对所获取的大量公安科技查新相关资料信息做了全面分析和深入研究，同时借鉴国内同行的先进经验并结合公安工作实际，在国内资深科技查新专家的指导下，编写了这本《公安科技查新实用指南》。

本书由科技查新概述、公安科技查新发展及工作现状、公安科技查新典型实例及分析和公安科技查新相关信息四部分组成。其中，第一部分为科技查新概述，介绍了科技查新的基本概念、科技查新的关键要素、科技查新常用的信息资源和国内外科技查新概况。第二部分为公安科技查新发展及工作现状，包括公安科技查新简要历程、公安科技查新工作现状、公安科技查新工作程序和公安科技查新工作管理。第三部分为公安科技查新典型实例及分析，主要是从现有的千余份公安科技查新报告中精选出27篇典型实例并按专业进行了分析。第四部分为公安科技查新相关信息，列出了与公安科技查新工作密切相关的国家政策、国内部分科技查新机构目录、公安科技查新快速办理须知等内容。本书主要围绕当前公安科技查新实际需要来组织结构和编写内容，突出简洁实用性，可作为公安科技查新工作者和广大查新用户开展查新工作或办理查新相关事宜的工具书，也可作为各级公安科技管理和技术研发人员的工作参考资料。

本书在编写过程中得到了中国科学技术信息研究所陈卫主任、中国国防科技信息中心钱立亚主任、机械工业信息研究院科技情报研究所贾培英主任、中国铁道科学研究院科技信息研究所刘兆平主任、华北电力科学研究院科技信息研究所杜秋平所长、工业和信息化部电子科学技术情报研究所李屹林工程师等专家，以及公安部科技信息化局、公安部物证鉴定中心、中国人民武装警察部队学院、中国科技情报学会科技查新专业委员会等单位的大力支持与指导。在此，向为本书的编写提供支持及帮助的各位专家和领导表示诚挚的谢意！由于本项目组业务和编写水平有限，加之时间仓促，书中难免存在一些不足，恳请广大读者批评指正，以便在今后的工作中加以改进。

编　者

2015年3月

目　录

第一部分　科技查新概述

我国的科技查新工作发展至今已有二十余年历程。作为科技管理的一个重要环节，科技查新对我国科技事业发展作出了重要贡献，为各行各业科技创新发展中的科研立项、成果评价、项目验收、专利申请等提供了基础文献评价依据，为推动国民经济和社会发展提供了科学和客观的科技信息服务，在提高我国科技创新能力和扶持高新技术产业、培育创新型企业、开发创新产品与技术、推动公共安全科技发展等方面发挥了积极作用。

一、科技查新的基本概念

科技查新是一项直接服务于科研活动的科技信息咨询服务，是伴随着我国不断开展科技创新、跟踪国外最新科技发展动态、开发具有自主知识产权的技术和产品而出现的产物。随着当前国内各行业科技创新的发展需要及知识产权保护意识的增强，来自社会各个部门的查新需求逐渐增多，加之科技查新是一项专业性很强的技术工作，因此有必要对科技查新的相关概念进行详细介绍，以便于科技查新用户快速了解和使用科技查新相关知识，也有助于科技查新机构提高工作水平。

（一）科技查新的定义

科技查新，一般是指通过信息检索并运用综合分析和对比方法，对科研项目或科技成果的新颖性做出文献评价的信息服务，通常简称为查新。科技查新的实质是围绕查新项目的查新点进行文献鉴证，即通过多种途径的检索找出全部相关文献，再与查新点仔细对照，筛选出密切相关文献，经分析比对，证实该项目的研究内容至今在国内或国外有无相同或类似的文献报道，从而对查新项目的新颖性做出肯定或否定的结论。所以说，科技查新就是在广泛进行文献搜集、情报调研的基础上，为委托人提供查新报告的深层次科技情报研究服务。

科技查新在概念上很容易与文献检索、专家评审相混淆。为了清晰界定科技查新、文献检索与专家评审的概念，现将三者之间的区别介绍如下：

1. 科技查新与文献检索的区别

科技查新是以科技文献为基础，以文献检索和情报调研为手段，以检出结果为依据，通过综合分析对查新项目的新颖性进行情报学审查，并写出有依据、有对比、有分析、有结论的查新报告。科技查新有较严格的年限、范围和程序规定，有严格的查全率和查准率要求，而且最终要给出明确的查新结论；而文献检索则是迅速地找出与特定检索需求相关的文献信息的过程，通常是针对具体检索项目的需要，仅提供文献线索和文献内容，对项目不进行分析和评价，更侧重于对相关文献的查全率。

科技查新和一般文献检索都是根据用户的需求，用一定的方法从文献资源中查找相关的具体文献。一般来讲，文献检索是科技查新的基础，也是科技查新的重要内容。科技查新与文献检索的主要区别为：

（1）目的不同。文献检索一般只是一个查找文献的过程，给用户提供原始资料和文献线索；而科技查新则是以提供查新报告的形式，为科研立项、成果鉴定、评估等提供客观的文献依据。

（2）年限要求不同。文献检索一般不受文献年限的限制，而科技查新通常对文献有一定的年限要求。例如，查新项目一般追溯年限为：发明奖前推 15 年，技术成果鉴定、进步奖前推 10 年，而文献检索则不受相关限制。

（3）结果不同。文献检索一般只负责提供文献内容和文献线索，而科技查新则需要提出文献评价报告并对报告负责。

（4）服务机构资质要求不同。文献检索一般在任何图书情报机构或信息服务机构都可以进行，而科技查新则只能是具有一定资质的信息服务机构才能进行。

2. 科技查新与专家评审的区别

科技查新是以检出科技文献这一客观事实为基础，对科研项目或科技成果的新颖性做出客观性结论；而专家评审则主要是依据专家本人的专业知识、实践经验以及所了解的专业信息，对被评审对象的创造性、先进性、新颖性、实用性等做出评价。评审专家的作用是一般科技情报人员无法替代的，但具有一定程度的主观性。二者的主要区别为：

（1）评价依据不同。科技查新是以客观的科技文献作为评价依据，而专家评审则是以专家本人的专业知识和经验积累为评价依据。

（2）评价要求不同。科技查新只是针对科研项目或科技成果的新颖性进行第三方客观评价，而专家评审一般要对科研项目或科技成果的创造性、先进性、新颖性和实用性等作出全面的评价。

（二）科技查新的原则

为了规范开展科技查新工作，国家科技部于 2000 年颁布了《科技查新规范》，其中确定了科技查新工作的三项基本原则，即“自愿原则、依法查新原则和独立客观公正原则”。查新机构、查新人员以及查新委托人在开展查新业务或处理查新事务中，应当遵循这三项基本原则，以保证查新工作的正常进行和查新结果的质量。

1. 自愿原则

科技查新工作首先应坚持自愿原则，它有两层含义：一是“查新委托人在遵守《科技查新规范》的前提下”，有权选择查新机构，同时查新机构也有权接受或拒绝查新委托；二是查新机构有权选择查新咨询专家，但专家也有权接受或拒绝担任查新咨询专家，只有在双方自愿和合法的基础上，双方的聘请关系才能真正确立。

2. 依法查新原则

依法查新是开展查新业务的一项重要原则。从事查新的机构应当是具有查新业务资质的信息咨询机构。未经主管部门认定或者授权认定，任何单位和个人不得从事面向社会服务的科技查新活动。查新机构承办的一切查新业务都要以法律、法规为准绳，其所有活动都应当在法律、法规规定的范围内进行。涉及查新的有关各方的行为活动应当遵循《科技查新规范》。对于因违法违纪不适宜继续执业的查新人员，查新机构应当按照法律、法规、规章和机构章程予以解聘或除名。

3. 独立客观公正原则

（1）独立原则。查新机构、查新员、查新审核员、查新咨询专家应当是与查新项目无利害关系的第三者。查新机构应当严格按照国家的有关法律、法规和《科技查新规范》等的规定，独立处理查新业务；查新咨询专家应当严格按照国家的有关法律、法规和《科技查新规范》等的规定，独立地向查新机构提供查新咨询意见。查新机构、查新咨询专家从事的具体查新、查新咨询活动不受任何行政部门控制，也不受其他机关、社会团体、企业、个人、查新委托人等单位和人员的非法干预；查新咨询专家提供查新咨询意见时不受查新机构的非法干预。如果查新机构、查新咨询专家认为其独立性受到损害，可以拒绝进行查新、查新咨询，或中止相应的查新、查新咨询活动，或在查新报告、查新咨询专家意见表中声明。

（2）客观原则。查新机构应当依据检索到的科技文献，客观地为查新委托人提供查新报告。报告中的任何分析、技术特点描述、结论都应当以文献为依据，符合实际且不包含任何个人主观偏见。

（3）公正原则。查新机构在处理查新事务的过程中，应当站在客观公正的立场上，在遵照《科技查新规范》的前提下，公正地为查新委托人完成查新事务。查新机构不可因收取查新费用而偏袒或者迁就查新委托人，查新咨询专家也不能因收取查新咨询费用而随意迁就查新机构。

（三）科技查新的类别

科技查新的作用主要是为各类科技活动中的科研立项、成果鉴定、项目验收、专利申请、新产品研发、引进技术论证等提供客观评价依据，进而推进各级科研管理工作规范化和科学化。根据查新作用的不同，可将科技查新分为以下几类：

1. 科研立项查新

科研立项查新主要是为确定某一研究项目开展的必要性、可行性、新颖性提供客观评价依据。查新委托人提出查新要求时，项目一般尚未正式开始，因而存在着一定的可变性和修改的可能性。因此，委托人往往要求查新机构对其科研项目的技术关键点进行验证、选择，其目的是帮助科研人员了解同类技术的国内外现状，充分利用和参考相关成果，找准研究方向和技术路线，确定科研方法和手段，正确地制订科研目标和规划，提高选题的针对性和科研项目的开发水平与层次，以减少和避免重复立项。科研立项查新主要包括国家级攻关项目、高新技术计划研究项目、国家自然科学基金资助项目、国家标准研究项目等国家计划项目以及各地、各部委科技计划项目的立项查新。

随着时代和科技的发展，各种科技文献数量激增，且出版分散、内容交叉重复、时效性强、信息量大，任何一个学术专家、科研管理人员和科技人员都无法全面掌握本学科领域的最新研究动态和全部研究内容，部分人员是靠自己熟悉的有限资料和工作经验来管理课题的，这样就难免导致课题具有不同程度的盲目性和重复性。科研立项前的科技查新检索，能帮助科研人员开阔思路、掌握最新科研动态，从而提高立项的新颖性、科学性和准确性。

2. 成果鉴定或项目验收查新

成果鉴定或项目验收查新是由查新委托人提出查新要求，由查新人员根据其项目成果的特点，凭借相关的文献信息专业知识，运用科学的方法和各种文献检索手段，把检索出的相关文献信息与所要查新的项目成果进行综合对比分析，归纳总结出该项研究课题在一定时空范围内的技术状况及创新点，并对其作出恰当的评价，最后以项目成果查新报告的形式提交给委托人。它既是一项高层次的综合科技情报服务，又是科技成果管理工作中不可缺少的重要环节，其目的在于帮助评审专家科学、公正、客观地评价研究成果，以减少失误，保证成果鉴定和项目验收的质量。成果鉴定或项目验收查新一般包括国家级重大科技成果、省部级科技成果鉴定或项目验收所需的科技查新。

成果鉴定或项目验收查新的意义在于，为评价某一科研成果的新颖性时向评审专家提供一种文献事实依据，增强科研项目的科学严谨性，实事求是地反映科研水平。科研人员的研究成果是否新颖，是否有理论意义或实用价值，是否重复交叉，甚至是否弄虚作假，都可以通过查新工作提供客观和科学的佐证。

3. 专利申请查新

据粗略统计，世界上大多数发明成果及新技术以专利形式公开。《中华人民共和国专利法》（以下简称《专利法》）第二十二条第一款规定："授予专利权的发明和实用新型，应当具备新颖性、创造性和实用性。"由于新颖性是专利申请成功与否的先决条件之一，因此申请人在申请专利前理应对自己的发明创造是否新颖有一个较为清晰的判断。但有关专利的法律制度中并没有专利申请人申请专利前出具科技查新报告的规定，发明专利新颖性的判断留给审查员在实质审查时进行。根据《专利合作条约》（Patent Cooperation Treaty，PCT）最低文献量的规定，专利审查时应检索一定数量的专利文献和非专利文献：（1）必需的专利文献通常指 1920 年以来美国、日本、英国、德国、法国、瑞士、苏联（俄罗斯）、世界知识产权组织、欧洲专利合作条约组织官方出版收录的专利文献；（2）必需的非专利文献时有调整，由国家知识产权局公布文献清单，一般是上述七国、两组织的 100 多种科技期刊。国内范围查新还应检索中国专利文献和中国的科技期刊。根据《专利法》的规定，除上述范围的文献外，还包括其他可以破坏申请专利新颖性的文献。专利申请人应该清楚地知道，判断专利新颖性的文献范围是极其广泛的，只要找到申请日前任何时期与该申请专利的技术相同或相似的技术就可以破坏其新颖性。所以，申请人应该尽可能地通过科技查新事先对自己申请的相关技术的新颖性有所了解，进而大体判断授权前景如何。如果盲目申请专利，很有可能浪费大量时间与金钱而最终得不到授权。当然，申请实用新型与外观设计专利并没有实质审查程序，但问题的实质是一样的。专利局复审委员会曾统计了被提起无效宣告请求的实用新型专利，其中 80% 左右被最终宣告无效，还有一部分被宣告部分无效。为了提高申请实用新型专利权的成功率，申请人事先进行科技查新是非常必要的。

科技查新对专利权利冲突具有预见性的作用。申请人通过查新可以了解自己申请的专利是否会与某项在先专利产生冲突，因为大多数专利都是改进性发明创造，如果自己的发明创造是在他人的专利技术上改进而来的，那么即便获得了专利权，要实施该权利仍要征得在先专利权人的同意；反之，在先专利权人亦然。科技查新过程中，检索到作为背景技术的某一在先专利的可能性是极大的，这样申请人就可以明确谁是在先专利权人，避免以后陷入专利侵权纠纷之中。

4. 新产品开发和引进技术查新

我国《关于加强企业专利工作的规定》中要求企业研究开发新产品、新工艺与技术改造时，事先应检索专利文献，避免重复研究和侵权。有时为了查全，还需查找产品目录、广告并进行行业调查。通过科技查新，企业可以较好地掌握某个新产品、新工艺或先进技术的可靠程度、技术指标、数据处理、经济效果以及推广的可能性，为引进技术提供可行性依据，并在一定程度上了解新产品投放市场的前景。近年来，由于国内各省市出台相关新产品免税优惠政策，企业产品查新项目呈快速上升趋势。这是因为产品是市场的主角，它的销售是企业赖以生存和发展的重要环节。企业在自己的产品进入市场之前，需要有一个比较公正且又有相当专业水准的部门评判其新颖性，明确自己的产品在国内外同类产品中所处的地位。因此，不管新产品是否享受免税优惠，有经营头脑的企业家总是非常重视其产品是否进行了科技查新。

二、科技查新的关键要素

科技查新的最终表现形式是科技查新报告。科技查新报告是查新机构以书面形式就查新事务及其结论向查新委托人所做的正式陈述，其关键要素主要包括：查新目的、科学技术要点、查新点与查新要求、检索策略、文献检索范围、检索结果、查新结论。

（一）查新目的

查新目的，是指查新报告的用途，包括科研立项（申请各级、各类科技计划、科研项目开始前的资料收集等）、成果鉴定、项目验收、奖励申报、专利申请、新产品开发、引进国外先进技术论证等。一般情况下，委托人需要根据查新报告的实际用途，据实填写查新目的，如申请年度国家自然科学基金项目计划、年度北京市高新企业认定计划以及各类各级科技成果鉴定等。

（二）科学技术要点

科学技术要点，一般是对申请查新项目的简要描述，应能反映出该项目的概貌，是查新点提炼的基础，由查新委托人提供，主要包括背景技术论述、需要解决的技术难题、采取的技术方案、该技术的应用领域等相关内容。科学技术要点的描述要着眼于项目本身，对其要解决的问题以及主要技术特点应进行深入分析和准确描述。尤其是要简洁明了地概括，切忌泛泛谈及国内外研究现状，也无须罗列出所有的技术路线。同时，科学技术要点要紧扣查新项目的研究主题，突出项目的创新性。所写的范围也应尽量全面准确，切忌将许多空洞的形容词写入其中。

（三）查新点与查新要求

查新点，是指科学技术要点中需要查证新颖性的部分，应能体现待查项目全部的技术创新点，是查新人员拟订检索词和制订检索策略以及对比分析和判断新颖性的依据。通常情况下，查新点应是待查项目研究内容、研究方法、技术路线及主要技术指标的创新点。一般来说，科学技术要点中一定包含有查新点，但不是所有的科学技术要点都体现在查新点中。查新点是从科学技术要点中提取的、能够体现项目新颖性的技术特征，当查新点不能很清楚地解释查新项目所具有的特点时，可以在科学技术要点中做相应的补充说明。科学技术要点可以包含说明性、技术性、功能性、应用性、预测性和前瞻性的语言，而查新点则主要是技术性语言。二者结合，能反映项目的全部必要技术特征。

查新要求是委托人向查新机构提出的对该查新项目的要求，通常表现为：希望查新机构通过查新，证明在所查范围内国内外有无相同或类似研究；希望查新机构对查新项目分别或综合进行国内外对比分析；希望查新机构对查新项目的新颖性提供文献依据；查新委托人提出的其他愿望。

（四）检索策略

检索策略，是指为实现检索目标而制订的检索计划和方案，是对整个检索过程的谋划和指导。检索提问式（简称检索式）是检索策略的具体体现，是指计算机检索中用来表达检索提问的逻辑表达式，通常由检索词和各种逻辑算符、截词符、位置算符以及系统规定的其他连接符号等构成。检索词是用于描述信息系统中的内容特征、外表特征和表达用户信息提问的专门语言的基本成分，是构成检索提问式的最基本的单元，能够准确揭示查新点的核心内容。

在科技查新检索中，检索词的选择与组配一般会直接影响检索策略成功与否。委托人应该在委托书中提供主题词、规范词、关键词、自由词和参考检索词等词语。查新员在对查新检索词进行选择时，应以委托人提供的词语为基础，分析确认这些词语是否与查新技术要点、查新点的内容相契合，并通过查阅相关文献筛选、补充参考检索词，再进一步精练并确定检索词。查新过程当中涉及的词语类型及其概念如表1所示。

表1　查新用词体系表

名　称	定　义
关键词	出现在文献标题、文摘、正文中，对表征文献主题内容具有实质意义的词语，对揭示和描述文献主题内容是重要的、关键性的语词。
检索词	表达信息需求和检索课题内容的基本单元，也是与系统中有关数据库进行匹配运算的基本单元。
主题词	以规定概念为基准，经过规范化处理，具有组配功能，能够显示词间语义关系动态性的词或词组。
规范词	标准化写法、拼法，系统化的词汇。
自由词	词表以外的未经规范化处理的自然语言词汇，由委托人自由提供。
参考检索词	查新委托人提供的、仅供查新机构在处理查新事务中参考，而不作为查新委托双方约定的检索词。

制订检索策略是查新工作中的关键环节。科学合理的检索策略能够优化检索过程，不仅能使检索出的文献与项目的技术要点吻合或高度接近，从而保证查全率和查准率，还能提高检索效率、缩短检索时间。与其相反，不合理的检索策略则会使检索出的文献集合偏离项目的技术要点，影响文献分析和查新结论的公正性、准确性。

（五）文献检索范围

根据委托人的查新要求，文献检索范围一般分为国内范围检索和国内外范围检索，即分别针对国内或国内外公开发表的学位论文、期刊、专利、成果、标准、报纸、会议论文、科技报告、产品资料等文献资料进行检索分析。查新报告中需要列出检索使用的综合数据库（通用基本库）、与此查新项目领域相关的专业数据库和手检资料，必要时还应列出数据库、手检资料的准确名称、起止时间、数据库的更新周期等。其中，手检资料一般是指内部发行的期刊、资料集、会议文献或是在网上无法获取全文的书籍、论文集等。

（六）检索结果

检索结果，是指查新人员通过检索工具，采用精练的检索策略，从国内外文献资源库中检索出的与查新项目相关的文献。查新报告中需要对已检出的文献进行归类与总结：首先，简述检出的国内外文献总数及从中筛选出的与项目查新点具有可比性的相关文献数量。其次，将以上相关文献按其与项目查新点的相关程度，分为密切相关与一般相关文献并分别指出其数量，其中密切相关文献，是指其内容足以使项目查新点部分或全部失去新颖性的文献。对检出文献的相关程度分析，密切相关文献可直接引用其文摘中与查新点可比性的核心内容、指标数据；一般相关文献可逐篇对其研究内容作简要说明，或对同类文献作综合概略说明。相关文献可按中文文献、外文文献分别列出，也可按照查新点的排列顺序分别列出与每个查新点相关的国内外文献报道。

（七）查新结论

查新结论，通常是指查新人员依据项目的查新要求，围绕查新点将检索结果与其逐条进行对比分析后做出的新颖性判断，是查新报告的核心内容。查新结论的撰写必须基于大量全面准确的相关文献，要符合科学性、客观性、逻辑性要求，并保证报告的使用者能够正确理解。依据《科技查新规范》的要求，查新结论一般包含：说明相关文献检出情况；结合科学技术要点，将检索结果针对查新点逐篇进行分析对比，并根据分析撰写项目是否具有新颖性的结论。查新结论不能简单地对查新项目进行肯定或否定，而应当对相关文献进行对比分析，阐明查新项目的内容、技术要点同相关文献的承接关系，以判断查新项目是否具备新颖性。

随着国家科技部制定的《科技查新规范》的贯彻执行，科技查新报告的功能也由过去的咨询类报告向鉴证类报告转变，使其具有一定的法律效力。查新结论是查新报告中最重要的部分。因此，查新人员必须掌握查新报告的撰写方法，同时用客观、公正、明确、准确的观点及用语撰写好查新报告的结论。

三、科技查新常用的信息资源

科技查新检索的信息资源必须广泛而全面，既要有大量的综合性文献信息，也要有全面的相关专业文献资源。因此，科技查新必须由具备大量文献资源的机构来开展，数据库不全面、检索数据滞后和不完整必将影响查新质量。同时，针对不同的委托查新项目，应确定委托项目需要检索的数据库。在实践中，查新员应严格遵循选择数据库的标准和原则，以保证查新质量，提高查准率和查全率。

（一）信息资源分类

信息资源分类，是根据所检索的信息资源自身内容的属性或特征，将其按一定的原则和方法进行区分和归类，并建立起一定的分类体系和排列顺序。分类清晰的信息资源将有助于提高用户从大量的信息资源中得到所需信息的能力，尤其会提高查新员的检索效率。

科技查新的信息资源按材质大体可分为印刷型文献（检索工具和原始文献）和电子信息资源（专利数据库、综合性数据库、专业数据库、搜索引擎）等。

（二）常见的信息资源

合格的查新机构需要具备大量的文献资源，以确保科技查新的公正性和可信性。熟悉和掌握不同文献资源的特点，选择和制订相应的检索策略，对查新工作尤为重要。以下将对现有文献资源和检索工具进行简要阐述。

1. 印刷型文献

印刷型文献在整个信息资源中占主要地位，也是手工检索的对象。在科技查新中，手检是必不可少的，因此，需要有充足的相关印刷型文献。

（1）检索工具。检索工具，是为了便于管理和利用一次文献而编辑、出版和累积起来的工具性文献，如目录、题录、索引和文摘等二次文献，是手检的主要工具。文献检索是根据项目特点确定检索途径，利用检索工具查找文献资料的过程。检索工具是科技查新工作重要的文献保障，没有检索工具，文献检索便如同大海捞针。

（2）原始文献。原始文献，即一次文献，是指人们直接以自己的生产、科研、社会活动等实践经验为依据生产出来的文献，如大部分期刊上发表的文章和在科技会议上发表的论文。科技查新需要尽可能完整地收集各种检索工具，以及各种类型的原始文献。查新人员只有通过深入理解和分析相关研究的原始文献，才能够清晰明了地判断查新项目是否具有新颖性，而不能只局限于文摘或者标题。

2. 电子信息资源

计算机、网络、光盘和互联网的普及，为人们提供了低成本获取全球范围信息资源的有利条件，也提供了实现信息资源数字化和电子化的有利时机。信息资源是科技和经济发展的关键性战略资源，信息的数字化、传输的网络化是缩小发展中国家与发达国家差距的捷径。因此，电子信息资源的开发利用是将科学技术转化为生产力的重要环节。信息爆炸、知识快速增长与更新，迫切需要更大规模、更高质量地开发电子信息资源，这同时也为科技查新的发展奠定了基础。

（1）专利数据库。专利数据库通常包括中国专利数据库（http://epub.sipo.gov.cn/gjcx.jsp）、欧洲专利数据库（http://ep.espacenet.com/）、日本专利数据库（http://www.j-platpat.inpit.go.jp）、美国专利全文数据库（http://www.uspto.gov/patft/）、德国专利数据库（http://www.depatisnet.de/）、加拿大专利数据库（http://patents1.ic.gc.ca/srchbool-e.html）等。专利文献包含了丰富的科技情报信息，各种专利数据库为人们及时了解、掌握技术信息提供了极大的方便，在查新工作中占据着举足轻重的地位，几乎所有的查新项目均要进行专利方面的检索。

（2）综合性数据库。国内综合性数据库主要包括中国知识资源总库（http://www.cnki.net）、万方数据资源系统（http://www.wanfangdata.com.cn）、维普信息资源系统（http://www.cqvip.com）等。由于上述综合数据库中的中文期刊数据库收藏的文献范围、数据标引等方面存在一定的差别，因此如果有条件，查新时最好对这三个数据库同时进行检索，防止漏检。国外综合性数据库一般包括 DIALOG 联机数据库系统（http://www.proquest.com）和 STN 国际联机检索系统（http://www.stnweb.org）。其中，DIALOG 联机数据库系统拥有 600 多个数据库，内容涉及自然科学、社会科学、工程技术、人文科学、时事报道及商业经济等各个领域。这些数据库年代跨度长、数据更新及时，是进行国外查新时必查的数据库系统。

（3）专业数据库。综合性数据库存储的信息比较丰富，但是对于专业性强的查新项目，标引比较薄弱。因此，在查新过程中，查新人员需要根据查新项目的不同情况选择不同的专业检索数据库作为补充。若查新项目属于交叉学科的课题，应同时检索多个不同的数据库。

①机械自动化数据库。机械自动化类查新项目占据查新总量中相当大的一部分。机械自动化类查新的文献资源一般包括：美国工程索引（Ei Compendex ®）、引文索引数据库（ISI Web of Science）、英国科学文摘（INSPEC）、金属文摘（METDEX）、美国机械工程师学会数据库（ASMEDC）、机械与运输工程文摘（MTEA）和一些全文数据库 Elsevier SDOS 等。以上数据库为机械类查新中使用率较高的信息源。

②环境化工材料数据库。这方面的数据库主要有：贝尔斯坦数据库（CrossFire Beilstein）/盖墨林（Gmelin）数据库、英国科学文摘（INSPEC）、工程材料文摘（EMA）、美国化学文摘（CA）、环境文摘（EA）等，其中 CA 收录了世界上 150 多个国家、56 种文字出版的 15000 多种期刊以及专利、技术报告、专著、会议录、学位论文等文献，报道了世界上 98%的化学化工方面的文献，是举世公认的最完整的化学化工文献检索工具之一。化学文摘是化工项目查新检索的必选数据库。

③生物医药数据库。中国生物学文摘数据库（CBA）、中国生物医学文献数据库（CBM）及中文生物医学期刊文献数据库（CMCC）为中国比较权威的医学、生物学专业数据库。美国生物科学数据库（BIOSIS Previews）、医学文摘（Medline）、荷兰医学文摘（EMBASE）等均为生物医药类科技查新必备的基本数据库。

④农业林业数据库。国内外农业林业数据库众多，除了上面所提

到的美国化学文摘、生物学文摘数据库外，国际上比较权威的农业数据库还有农业和自然资源数据库（CAB Abstracts）、国际农业科技情报系统（Agris）、农业联机检索数据库（Agricola）当今世界三大农业数据库，以及中国农业科技文献数据库（CASDD）、中国林业信息网自建数据库群（CFSDC）。

（4）搜索引擎。搜索引擎，是指根据一定的策略、运用特定的计算机程序从互联网上搜集信息，在对信息进行组织和处理后，为用户提供检索服务，并将用户检索的相关信息展示给用户的系统。搜索引擎包括全文索引、目录索引、元搜索引擎、垂直搜索引擎、集合式搜索引擎、门户搜索引擎与免费链接列表等。搜索引擎是查新工作不可缺少的工具，其中百度（www. baidu. com）和谷歌（www. google. com）是搜索引擎的代表，其他的搜索引擎还有搜狐、新浪、Yahoo、Lyeos、Ahavista、Excite 等。查新时可利用搜索引擎检索产品及其相关技术的网站、网页及新闻等情报信息，与其他数据库的文献资源形成互补，弥补数据库更新速度慢、数据收录不全等缺点。

总之，充足的文献资源是保证科技查新质量的必要条件。科技查新人员应针对不同的项目，在以专利数据库、综合数据库为基础的同时，选择正确的专业数据库，并通过搜索引擎获得的网上资源来弥补信息资源的不足，尽可能扩大查新的文献检索范围，提高科技查新的查准率和查全率，确保查新报告质量。

四、国内外科技查新概况

科技查新是在科技文献检索和科技咨询基础上发展起来的一项科技信息咨询服务。据调研和查询，国内外均有科技查新业务，只不过在国内明确被称为科技查新，而在国外通常以科技评估的形式出现，且出现的时间比国内要早。

（一）我国科技查新发展情况

我国科技查新工作是从20世纪90年代初正式开始的。经过20多年的发展，这项工作从无到有、从小到大，尤其是在管理体制、运行机制、机构建设、行业规模等方面取得了较快的进步。可以说，目前科技查新已成为国内科技信息界一项涉及范围广、层次众多、被各行各业广泛承认并且可产生较大经济和社会效益的科技信息服务工作。

1. 科技查新的发展历程

20世纪80年代后期，随着各行各业对科学研究、技术开发投入的增加，科研成果层出不穷，评价科技成果所采取的方法主要是依靠同行专家评议和生产实践效益来证明。随着科学技术日新月异的发展，专业越分越细，且又交叉渗透，专家不可能对所评议的成果的方方面面以及国内外发展情况都有较深入和全面的了解，加之受社会上不正之风的干扰，极易出现科研成果评价不公正、科研成果低水平重复等问题。因此，国内各级科研管理部门为提高科研立项、成果鉴定与科技奖励的严肃性、公正性和准确性，制定了一系列管理办法和规定。其中《中共中央关于科技体制改革的决定》、《科学技术成果鉴定办法》都对科技查新工作起到了积极的引导和推动作用。另外，文献支撑条件有了很大改善，一次文献和检索工具书逐步丰富，国际联机检索手段开始出现，尤其是20世纪90年代后光盘和互联网逐渐兴起和普及，为科技查新工作的开展奠定了良好的文献基础。此外，1985年我国《专利法》实施，国内一些科技情报机构为配合检索各国专利，开始在医药卫生和国防科工领域开展专利查新工作。随着专利工作的进一步发展，专利查新检索已成为国家发明奖评审的必要条件。此后，有关部门把科技查新的“情报评价”引入科研项目管理程序，为专家评议提供全面、准确的“鉴证性客观依据”，与专家评议相辅相成。再后来，科技部开始着手加强科技查新工作的规范化管理，进一步推动了科技查新行业的发展。大体上讲，我国科技查新工作的发展历程可分为以下三个阶段：

一是初始阶段（1985~1990年）。20世纪80年代中期，一些图书馆或科技情报部门应委托人的要求，在科技文献检索结果上加盖本单位公章，出具检索证明，但不做文献对比分析，不提供查新报告。如上海科学技术情报研究所曾在1985~1989年间，为企事业单位的100多项成果鉴定提供了检索证明。在1985年《专利法》实施后，该所配合一些企事业单位开展了专利申请工作，为其提供相同专利和相关专利及参考文献资料等服务。这种服务方式的特点是形式上比较灵活、内容上比较简单、检索范围有一定局限性。但值得一提的是，无论是科技情报单位还是科研人员，这时已开始意识到在成果评审前进行文献检索的重要性，这为以后开展查新咨询工作打下了基础。1985年，国家科委为加强科研成果的管理工作，规定了利用科技文献对新产品进行查新的制度，要求通过全面系统地查阅大量的科技文献，采取对比方法，对产品得出一个比较客观的查新结论，具体工作由各行业科技情报研究所承担。

从1987年开始，查新咨询工作逐步在国内部分省、自治区、直辖市的科技情报研究单位开展起来，尤其以行业科技情报单位最为活跃。该阶段查新咨询工作大多是在各部委和省级科委的支持下开展起来的，如北京市科委、国防科工委、机械工业部、卫生部等都制定了一些有关查新咨询工作的规章制度。由于查新咨询工作当时还是新生事物，研讨该项工作的论文很多，这些论文主要围绕查新咨询工作的意义和作用、检索年限、报告撰写、工作中出现的问题等进行了探讨，并呼吁上级主管部门加强对查新咨询工作的管理，对查新咨询工作的各项具体要求作出明确规定。综上所述，由于此时查新咨询工作尚未在全国范围内广泛开展，没有制定统一的规范和标准，所以只能说是处于起步和探索性阶段。

二是规范化阶段（1991~2001年）。1990年10月，国家科委发文（国科发情字〔1990〕800号）批准了第一批十一个查新咨询科技立项及成果管理的情报检索单位，包括中国科学技术信息研究所、机械工业信息研究院等。同年12月，国家发明奖励办公室公布了首批十九家国家发明奖项目查新单位，如公安部科学技术信息研究所、上海市科学技术情报研究所等。这极大地推动了科技查新工作在全国范围的迅速发展。1994年，国家科委以国科通〔1994〕23号文件的形式公布了第二批十五个一级查新单位名单，如兵器工业情报研究所、林业部科技情报中心等。1997年，国家科委再次公布了第三批十二个一级查新机构，如铁道部科技信息研究所、国家海洋信息中心等。至此，全国一级科技查新单位共计三十八家，其中十八家为综合性查新机构，二十家为行业查新机构。随后，冶金部、化工部、铁道部、农业部、公安部、卫生部以及军队卫生系统等也相继建立一批二级查新咨询单位，制定了查新工作的各项规定，把查新咨询工作纳入科技管理体系。为了推动查新队伍建设，国家科委情报司分别于1991年7月、1993年8月召开了科技查新工作研讨会，并委托中国科学技术信息研究所举办了三期科技查新人员培训班，向获得查新资格的人员颁发了《科技查新咨询人员资格证》，还组织编写了《查新工作手册》讨论稿。在查新工作规范化方面，国家科委情报司制定了《科技查新咨询工作管理办法》讨论稿。2000年12月，国家科技部为进一步规范面向社会服务的查新机构的行为，保证查新工作的公正性、准确性和独立性，维护查新各方的合法权益，发布了《科技查新机构管理办法》和《科技查新规范》（国科发计字〔2000〕544号）。这些都表明查新咨询工作得到了社会的全面承认，进入了一个崭新的发展阶段。

为了规范和促进科技查新工作的发展，国家科技主管部门还制定了一系列的法规、规章，促进科技查新报告的广泛应用。例如，1994年10月26日，国家科委颁布的《科学技术成果鉴定办法》中第18条第4款把“经国家科委或者省、自治区、直辖市科学技术委员会或者国务院有关部委认定的科技信息机构出具的查新结论报告”作为申请鉴定的必备材料之一。1997年7月30日，国家科委发布的《国家科学技术奖励推荐和评审工作的补充规定》中的第8条指出：“未授予发明专利的，须按照有关规定提供对项目创新内容的查新报告。”1997年10月29日，国家科委会同其他七个部委共同发布的《国家重点新产品计划的管理办法》中的第18条第3款把“国家一级查新单位或相应查新单位出具的查新检测报告”作为申报国家重点新产品计划所需的材料之一。除了国家科委大力发展和推动科技查新工作之外，国家教委根据1992年11月的教备〔1992〕52号文件通知，决定在全国十二所委属高等院校图书馆设立第一批“高等学校科技项目咨询及成果查新中心站”。由于原国家科委、国家教委以及各级科研管理部门和广大科研人员对查新咨询工作日益重视，国内科技查新工作得以迅速发展，并逐步进入法制化和规范化阶段。

三是市场化阶段（2002年至今）。2002年，国务院为进一步转变政府职能、深化行政管理体制改革，对现有行政审批项目进行了审核和论证，取消了一些行政审批项目。2003年2月27日颁布的《国务院关于取消第二批行政审批项目和改变一批行政审批项目管理方式的决定》（国科发计字〔2003〕5号），取消了406项行政审批项目，其中的第26项即为“科技查新机构业务资质认定”。自此，科技查新机构业务资质认定和科技查新业务培训不再属于行政管理范畴，科技部也暂停了对科技查新机构的进一步规范管理和认定工作。尽管如此，经过二十余年的发展，我国已经拥有一批稳定的具有高素质的专职科技查新队伍和权威查新机构，其中科技查新机构已达三百余家，科技查新资质认定的从业人员近万人。而且，由于目前国内科技查新的市场需求仍然呈现较为旺盛的态势，查新申请项目的数量也在高位运行，因此可以说在今后相当长的一段时期内，科技查新工作还会以适当的形式存在和发展，并继续为提高我国的科研水平和创新能力发挥越来越重要的作用。

为了适应新形势的需要，促进科技查新工作更好地为我国科技事业发展服务，同时也为了进一步加强科技查新行业自律和查新队伍管理，经全国各地各行业查新机构的强烈呼吁，在中国科学技术信息研究所和中国科技情报学会的关心支持下，2012 年 7 月，经国家民政部批准，全国九十余家科技查新和信息服务机构共同参与并成立了中国科技情报学会科技查新专业委员会（简称专委会）。专委会的主要任务是为全国科技查新和信息服务机构搭建一个科技查新业务交流的平台，为科技查新人员提供一个提升业务素质的园地，同时积极开展科技查新业务交流活动，建立科技查新质量保证与信誉评估体系，提高科技查新行业的自律度，更好地适应改革形势，加快行业发展。专委会设有标准质量组、业务培训组、学术交流组和技术资源与资源保障组，分别负责专委会的相关业务工作。专委会按照工作计划，第一步就是组织开展《科技查新规范》的宣传贯彻工作，同时抓紧开展科技查新机构自律规则制定、科技查新业务培训、科技查新资源联合保障机制建立、科技查新人员业务交流等工作。同期，为了提高科技查新工作质量和效率，中国科学技术信息研究所配合专委会工作，在相关行业和地方科技查新机构的支持下，牵头开展了“全国科技查新事实型数据库”的初期建设工作，目前数据库记录数据信息总数已达数十万条。该项工作完成后，将为科技查新项目重查、查新业务培训交流和科技成果统计分析提供丰富的数据支持。两年多的实践证明，专委会的成立适应了国家改革发展的新形势，提升了各地各行业科技查新机构的责任感，增进了广大科技查新人员的归属感和使命感，对于在新形势下规范科技查新秩序、推动我国科技查新行业健康发展起到了积极的促进作用。

2. 科技查新的现状

经过二十多年的发展，我国科技查新行业呈现出快速发展态势，突出表现为查新机构不断增加、查新项目数量持续增加、查新带来的社会和经济效益日益凸显。另外，计算机和网络技术的日益普及也极大地促进了科技查新业务和质量的提高。与此同时，科技查新工作为顺应时代的发展，自身也发生着巨大的变化，主要表现在以下几个方面：

（1）查新检索手段多元化。科技文献检索是查新过程中直接影响查新结论准确与否和查新报告质量好坏的重要环节。过去传统的手工检索早已不能适应当前科技高速发展、信息爆炸的迅猛发展之需要。光盘、联机、网络数据库等电子资源以及计算机技术和网络应用技术为查新带来检索手段上的快捷、准确、高效。因此，目前的查新工作较之传统单一的手工检索，手段更趋多样化。近年来，随着网上许多免费数据库资源的不断推出，其检索成本、时效、功能的显著优势已为越来越多的查新机构所认知。当前的查新手段呈现以光盘、联机、网络数据库（尤其是免费网络资源）等计算机检索为主，手工检索为辅的多样化局面。由手工检索发展到计算机网络检索，经历了单机检索、联机检索、网络数据库检索等几个发展历程，目前向着更加智能化、多元化的方向发展。电子资源的计算机网络检索功能日益强大完善，检索手段日趋多样便捷，大大提高了查新工作的查全率、查准率，极大地满足了科研人员和查新人员对文献情报的获取需求，有效地保证了查新工作的科学性、客观性、严谨性。

（2）查新服务范围广泛化。随着我国科技创新发展步伐的加快，查新的服务范围也发生了很大的变化。首先，科技查新项目范围宽、门类多、涉及面广，已从原先比较单一的科研立项查新、科研成果鉴定查新、申报发明奖查新等基本查新形式与范围，发展到如今面向科技创新的各领域、各行业，应对市场各种需求的查新，如高新技术成果转化、申报创新基金、产品市场调研、引进技术吸收与创新、技术攻关、技术动态调研等。其次，科技查新服务对象也在不断扩大，除各大中型企事业单位、外资和合资企业、中小型民营企业、科研机构、高等学府、政府管理部门等之外，还包括参与科技创新的社会不同团体及创造发明个体等。科技查新已渗透到社会科技发展、技术创新的各个领域及层面。

（3）查新工作程序合理化。为了提高科技查新质量，确保查新程序的合理与合法，国家科技部2000年发布了《科技查新规范》，对查新工作程序作了原则性规定，要求查新机构必须严格按照查新程序开展查新工作。很多查新机构也围绕《科技查新规范》，结合工作实际，制定了本部门的相关业务规范，确定了科技查新的方法和环节，开展有序、合理、合法的查新工作。这些规范提升了查新机构的服务水准，保证了查新结论及查新报告的准确性、公正性、权威性。

（4）查新机构队伍扩大化。目前，原国家科委公布的三十八家查新机构加上各部委设立的查新单位，全国各种科技查新机构共有三百余家，构成了以综合性科技信息咨询机构、行业专业性科技信息咨询机构和大学图书馆为主体的立体型全国性科技查新机构体系。其中，综合性科技信息咨询机构包括中国科学技术信息研究所、各省市科学技术情报研究所等，行业专业性科技信息咨询机构有中国林业科学研究院林业科技信息研究所、公安部科学技术信息研究所、中国国防科技信息中心等，大学图书馆有北京理工大学图书馆、山东大学图书馆等。这些被国家确认有科技查新资质的机构的不断涌现，带动了国内科技查新队伍的持续壮大。据初步统计分析，目前国内具有各种科技查新资质的从业人员近万人，实际上已经形成了由不同专业知识背景、不同技术层次、不同年龄阶段构成的庞大且有实力的科技查新队伍。科技查新机构和队伍的迅速发展，极大地推动了科技查新在全国范围内的迅速普及应用，对我国科技信息服务事业的发展起到了积极的促进作用。

（二）国外科技查新情况

国外开展检索查新活动的主要形式是科技评估。在一些发达国家，科技查新主要应用于科技评估，以避免专利侵权、重复科研等行为的发生。科技评估不是硬性规定，尤其是对一般项目而言，但一些政府性的重大项目则需要进行此项工作。该项业务属于科技信息服务范畴，专利管理机构、事务所、情报所、图书馆、中介机构均可提供科技评估服务。

1. 科技评估活动历程

美国是开展科技评估活动历史最悠久的国家，或者说是最早在科技管理活动中引入科技评估机制、建立评估环节的国家。八十多年前，美国国会就设置了国会咨询服务部（CRS）。该部门的一个主要任务就是直接针对国会各委员会和议员提出的与科技相关的问题进行研究、分析和评估，其中与科技有关的研究、分析和评估可以认为是科技评估的雏形。经过多年的发展，该项工作在美国已成为制度化、经常性的工作行为，并建立了科技评估支持系统，拥有完善的评估理论、评估体系、评估机制以及丰富的评估内容和形式。英国、法国、加拿大、丹麦、瑞典、澳大利亚、日本、韩国等先后仿效美国开展了科技评估工作，并建立了相应的评估机构。近年来，西班牙、新西兰和泰国等也开始开展科技评估工作。

2. 立法保障情况

为保障科技评估活动的规范化和制度化，许多国家制定了相应的法律和法规，并通过立法形式确保科技评估在各国科技活动中的地位。这些国家主要有美国、法国、日本、韩国、澳大利亚、马来西亚等。1993 年，美国第 103 届国会颁布了《政府绩效与结果法案》（GPRA）。根据 GPRA 的规定，科技评估的概念与制度，美国国会一级的评估机构的作用、功能、权利和责任都有明确的法律条文予以确定。1985 年，法国政府颁布法令（第 85~1376 号），从法律上确立了科技评估的地位。该法令规定，没有经过评估，任何国家级的科技计划、项目均不能启动。另外，法国国家研究评估委员会的任期、评估对象的确定、评估报告的公布等都有相应的法律和制度规定且有明确的法律条文予以确定。日本的情况是：1995 年颁布的《科学技术基本法》明确了科技评估的地位；1996 年制定的《科学技术基本计划》和 1997 年 8 月科学技术会议通过的《国家研究开发实施办法大纲》，提出了建立开放型研究评价体制的基本框架，规定日本科技评估机构不能随意设立和撤销。韩国、澳大利亚、马来西亚等国也有相关规定，要求凡开展科技计划评估活动，均需依据有关法律设立机构，遵照法定程序进行工作，出具评估结论，向有关单位反馈结果。

3. 组织机构设置情况

各国科技评估组织机构，一般分为政府性与非政府性两种属性，国会或国家级、地方或州级、科研院所级三个层次。由于世界各国的历史背景不同，各国从事科技评估工作的组织机构设置也有所不同。美国、法国、英国、澳大利亚、马来西亚等国的科技评估组织机构的设置相对健全，两种属性和三个层次的机构并存。美国主要的科技评估机构有国会咨询服务部（CRS）、国会预算局（CBO）、美国审计总署（GAO）、国会技术评价办公室（CTO）等，法国有国会科技选择评价局、国家研究评价委员会（CNER）等，英国有萨塞克斯大学科学政策研究所（SPRU）、科技管理研究中心（ETSU）、英国评估系统有限公司等。日本的科技评估组织机构也很完善，但与欧美国家相比，日本在科技评估组织机构的设置和作用方面，又有其独特性。日本的主要科技评估机构包括科学技术会议政策委员会、通产省的产业构造审议会等。瑞典、瑞士都只有一个负责科技评估的机构。瑞典的科技评估机构是政府性质的国家工业和技术发展局，每年的科技评估工作由其组织、实施；瑞士的评估机构为瑞士科学顾问委员会。

4. 评估的方法和种类

科技评估方法的形成是一个不断发展和完善的过程，现在仍处于研究和探索中。最初的科技评估采用的是定性分析方法，受主观因素影响较大。后来，人们为了提高评估结果的科学性，逐渐把数学、经济学、运筹学等学科的一些定量分析方法运用到科技评估中，科技评估逐步进入定性和定量分析相结合的阶段，评估质量有了质的提高。目前，不同国家根据本国科技评估的发展状况采用了不同的评估方法。很多国家的科技评估以定性分析为基础，以定量分析为手段，采用的是定性与定量相结合的方法，如美国、法国、日本等；另一些国家则是采用以定性分析为主的方法进行评估，如英国、瑞士；还有一些国家则基本采用定性分析方法，如瑞典。在科技评估的种类和方式上，各国基本上都是根据本国的具体情况，保留各自的特色。例如，美国、法国、日本和德国的科技评估包括科技政策、科技计划、科技项目、科技机构、科技人员五个方面；而韩国、澳大利亚、马来西亚侧重对科技政策、科技计划、科技项目进行评估；新西兰和瑞典评估的对象则比较单一，新西兰只侧重对科技项目进行评估，瑞典只侧重对科技计划进行评估。各国基于对科技评估的要求不同，在进行项目评估的时间段方面，侧重点也不尽相同。美国、法国、日本、韩国、英国、瑞士等都进行事前、事中和事后的连续评估；澳大利亚、加拿大侧重计划的中期评估、项目的后期评估；瑞典比较重视计划的事中评估；马来西亚侧重项目执行中的跟踪评估，项目的后期评估则有选择地进行。

（三）国内外科技查新情况对比

比较国内外科技查新情况，可以看出二者之间既有相同的地方也存在着不少差异，其差异大体表现在查新意愿、项目数量、收费水平以及项目内容等方面。首先，是在查新意愿方面：过去国内行政机关直接干预及强制要求较多，具有较明显的政策性色彩，委托人比较被动，但近几年情况开始有所变化；国外委托人自觉性高，具有明显的主观选择性。其次，是在项目数量方面：在国内，科技查新的数量较多，凡是需要立项及鉴定的国家和省部级项目不少都需要进行查新；在国外，数量相对较少，只有当研究人员有主观需求，或比较重大的政府性项目，才需要进行查新。再次，是在收费水平方面：国内收费相对较低；国外收费比较高，是一种高收费性科技信息服务项目。最后，是在项目内容方面：国内较为单一微观，主要集中在科学技术领域；国外多样宏观，涉及面广，各个行业及领域无所不包。另外，参照国外科技发展情况，目前国内多数科技查新机构都在努力将查新与科技评估相结合，使其成为科技评估的一项基础工作。尽管此项工作起步较晚，但已呈现方兴未艾的态势，这也可以初步视为科技查新工作今后的一种发展趋势。

第二部分　公安科技查新发展及工作现状

公安科技查新属于行业性查新工作，是国家科技查新整体工作的重要组成部分，也是做好各级公安科研管理和技术研发工作的重要信息保障手段之一。二十多年的实践证明，公安科技查新工作及其普及应用对于推动公安科技事业快速发展起到了积极的促进作用，尤其是对提高公安科研立项、成果鉴定、项目验收、成果奖励申报等项工作的水平和质量发挥着基础性的信息保障作用。

一、公安科技查新简要历程

公安科技查新作为具有一定特殊性的行业性查新工作，其发展历程与国家科技查新工作和公安科技事业的发展密切相关。从1990年公安部科学技术信息研究所（以下简称信息所，现隶属公安部第一研究所）成为国家发明奖的专业查新单位算起，作为全国公安系统唯一的科技查新单位，信息所二十多年来按照国家和公安部的有关规定，秉承国家科技查新工作的三项基本原则，在增强机构能力和加强队伍建设的同时，热情为全国公安系统尤其是公安科研和技术单位服务，先后完成了千余项科技查新任务，内容涉及刑事技术、警用装备、交通管理等各主要技术领域。同时，信息所还积极宣传和推动查新工作在全国公安系统的普及应用，使其在公安部所属单位、各地公安机关、公安科研院所和社会公共安全行业广泛普及和应用起来。

（一）初始发展阶段

公安科技查新工作肇始于20世纪90年代初期。1990年信息所被国家科委指定为国家发明奖的专业查新单位，负责公安系统申报国家发明奖项目的查新工作，由此拉开了公安科技查新工作的序幕。此后，随着公安科技事业的快速发展，各级公安科技管理和技术研发单位对科技立项和成果鉴定的查新需求逐步增多起来。对此，信息所于1995年年初根据国家有关规定，向上级部门申请扩大查新业务范围。1995年年中，经公安部科技司审批并报国家科委备案，信息所成为国家二级查新单位，正式开始承担以公安系统为主兼顾社会公共安全领域的科技成果查新检索工作。

在此阶段，公安科技查新工作尚属新生事物，各方面工作都在探索中积极寻求开拓与发展。信息所在此期间主要围绕如何配合公安科技管理工作，加强公安科技查新的工作职责、业务范围、制度建设等方面开展一系列工作，同时呼吁上级主管部门加强对公安科技查新工作的管理，细化公安科技查新工作的各项具体要求。另外，信息所还注重不断加强自身建设，包括机构建设和查新人员业务培训等。在此阶段，公安科技查新项目数量不是很多，其他行业和地方的科技查新工作也未正式广泛开展起来，尤其是国家有关部门尚未制定统一的业务规范和工作标准，各地各行业的科技查新工作只是处于起步和探索阶段。

（二）较快进步阶段

1998年“科技强警”战略提出后，从中央到地方各级政府都加大了公安科技建设的资金投入，并将公安科技列为政府科技发展规划的重要组成部分，公安科技事业开始新的提速。全国公安系统掀起了一个搞科研、用科技、争取科研项目的高潮，各地各单位积极争取国家和省部级的科研项目。科技项目和科技成果数量不断增加，为公安科技查新的快速发展提供了一个良好的外部环境。2000 年 12 月，国家科委为贯彻落实党中央、国务院《关于加强技术创新发展高科技实现产业化的决定》中关于“大力发展科技中介服务机构，尽快制定和完善关于科技中介服务组织的法规，规范其行业行为，加强管理”的精神，推动和规范全国科技查新工作，制定发布了《科技查新机构管理办法》和《科技查新规范》两个重要的规范性文件，对全国的查新机构和查新工作提出了明确细致的要求和规定，促进了各地各行业查新工作的进一步发展。

在此阶段，公安科技查新工作迎来了一个较为快速的发展时期，突出地表现为以下三个方面：一是公安科技查新机构建设得到加强，队伍素质有了一个新的提高，查新范围逐步扩大，查新项目数量快速增加，查新质量稳步提升。二是公安系统各警种各单位对科技查新的认识逐渐深入，重视程度逐步增加，许多单位尤其是公安部所属科研所和院校开始主动将科技查新作为科研立项和成果鉴定的前期工作，查新数量快速增加，促进了公安科技查新工作的发展。三是许多公安科技管理部门逐渐重视查新工作，特别是公安部原科技局多次强调要加强科技查新工作，并将其视为提高科研项目立项、科技成果鉴定和项目验收质量的重要手段之一，要求在国家和公安部重大项目成果鉴定或项目验收前，应进行科技查新。总之，此时期的公安科技查新工作已经走上了健康规范、有所作为、较快发展的轨道。

（三）稳步拓展阶段

2003 年年初以来，根据国务院关于转变政府职能的要求，科技部不再负责全国科技查新机构的具体管理和资质认定工作。这对公安查新工作的发展产生了一定的影响。但经过十多年的积累，公安科技查新机构已经具备了较强的发展实力，公安系统和社会公共安全行业有关单位对公安科技查新的需求仍然保持着一定的旺盛态势，因此，这一阶段的公安科技查新工作持续稳定发展并有所提升。

为了应对新形势的变化和进一步发展的需要，信息所强调查新工作要“练好内功、以质取胜、做大做强”，除了继续抓好机构和人员建设之外，突出加强了工作制度和运行机制建设。为此，2010年信息所专门研究制定了《公安科技查新工作管理制度（试行）》，对查新工作周期、查新报告质量、查新费用标准和管理监督等事项进行了明确规定，为进一步做好公安科技查新工作奠定了良好基础。与此同时，为了提高查新工作的效率和质量，信息所利用互联网专门开设了查新网页，便于与用户开展便捷的业务信息沟通和资料传递；建立了公安科技查新信息管理平台，使得查新工作和信息管理更为规范、便捷。此外，信息所还开始扩大业务范围，“做强做大”并探索主动为用户（包括潜在用户）提供查新服务的途径和方法。例如，制作和发放公安科技查新宣传材料；积极向公安部科技主管部门汇报查新工作情况，争取获得管理政策方面的支持；主动向各级公安机关和社会公共安全行业企业介绍公安科技查新的作用和目前查新工作的情况，争取更多的查新项目来源等。通过这些工作，公安科技查新的基础更加坚实、工作更加规范、制度更加健全，工作效率和效益日益提高，始终保持着持续发展的态势。

二、公安科技查新工作现状

经过二十多年的发展，公安科技查新机构目前已具备较强的实力，主要体现在：有一套完整的工作制度和成熟的查新队伍，能够胜任各种公安科技查新任务；有一套稳定且专业的查新检索信息源，可以为完成公安科技查新项目提供可靠的信息资源保障；查新业务范围逐步拓展，目前已覆盖法庭科学、警用信息通信、警用装备器材等公安主要专业技术领域；业务服务对象范围不断扩大，从开始的仅为公安机关提供科技发明查新到目前为公安系统内外的各单位提供除专利查新（暂未开展）之外的各种查新。

（一）业务范围

公安科技查新工作的业务范围是随着国家科技查新工作发展而逐步形成并拓展起来的。到目前为止，除了专利查新之外，国内常见的各种查新项目公安科技查新机构都可以承办，包括各种科研立项、成果鉴定、项目验收、奖励申报、专利申请、科技发明、新产品开发论证等各类科技查新项目。

1. 科研立项查新

科研立项查新，一般是指对准备申报各种国家科技计划或公安部和地方科技计划的科研项目进行的信息咨询服务。这是公安科技查新工作中遇到较多的一种查新。众所周知，新颖性是一个科研项目能否列入科研计划的重要因素之一，而重复交叉立项是制订高质量科研计划的一大禁忌。因此，许多公安科研单位（也有社会上的其他单位）在组织申报国家或公安部的科技项目尤其是重大项目计划之前，通常会将拟申报的项目交由公安科技查新机构进行查新。通过查新，申报单位可以了解该项目的国内外发展情况和技术水平、是否已有单位开展过或者正在进行此类研究、研究的问题是否已经解决等，从而避免重复申报和浪费时间、经费，提高项目申报成功率。一般而言，不同的科研计划对申报的项目的创新性有不同的要求。例如，国家自然科学基金和国家重大科技专项计划，对所申报的研究项目的创新性要求非常高，这就要求申报者在申报项目前，应通过查新或其他手段全面掌握国内外相关技术研究情况。

2. 成果鉴定或项目验收查新

成果鉴定或项目验收，是指某项科研项目按计划完成后，项目主管部门组织专家对有关项目的科技成果进行审查鉴定，以判定成果的技术水平或是否完成了计划规定的研究任务。据了解，目前国家级科研计划项目的验收申报材料中一般都要求附有科技查新报告。许多承担公安部重大科研项目的单位在申报成果鉴定或项目验收前，也进行了公安科技查新。近些年还出现逐步增多的情况，即不少社会公共安全行业企业研制出新的警用装备器材或安全类产品，在组织召开成果鉴定会前，也到公安科技查新机构进行鉴定查新。因此可以说，成果鉴定或项目验收查新是目前公安科技查新工作中常见的业务，数量也最大。通过查新，项目完成单位可以基本了解到研究成果在国内外同类研究领域的水平，做到心中有数。同时，公安科技查新报告也可以作为成果鉴定会或项目验收会的评审专家进行专业技术评审时的重要参考依据，帮助评审专家科学、公正、客观地评价研究成果，保证成果鉴定和项目验收的质量。此外，科技奖励申报查新的情况与上述成果鉴定查新类似，在此不再赘述。值得注意的是，这类查新所占比例虽然不是很大，但近期数量有所增长。

3. 专利申请查新

专利申请查新是申请专利的基本要求，也是审批专利权和代理专利申请工作之前必经的重要步骤，亦是对申请专利的新颖性进行审查。专利申请查新的结果，通常由科技查新专业人员根据检索专利文献的情况来确定。根据《专利法》的规定，“新颖性是指该发明或者实用新型不属于现有技术；也没有任何单位或者个人就同样的发明或者实用新型在申请日以前向国务院专利行政部门提出过申请，并记载在申请日以后公布的专利申请文件或者公告的专利文件中。”通常，用“非现有技术”来概括新颖性的含义。根据《专利法》第二十二条第五款的规定，现有技术，“是指申请日以前在国内外为公众所知的技术。”因此，“非现有技术”，就是指申请日以前在国内外不为公众所知的技术。专利实质审查的核心是审查专利申请中所述发明创造是否达到《专利法》所规定的新颖性、创造性和实用性要求。其中，根据上述规定，专利申请查新通常是指对所申请专利的新颖性进行判断的过程，即从公知的方式（出版物、使用和其他方式）、时间（申请日）和地域等方面判断其新颖性。目前，公安科技查新机构所开展的专利申请查新是一种科技情报咨询服务，委托人通常是从事社会公共安全行业的企业，尚无公安系统内的单位。这类查新目前不是很多，但也有发展的趋势。

4. 新产品开发论证查新

据统计，在众多公安科技查新项目中，新产品开发论证查新近年来占有一定比例。所谓新产品，是指采用新技术原理、新设计构思研制生产的全新型产品，或应用新技术原理、新设计构思在结构、材质、工艺等任一方面比原有产品有重大改进，显著提高了产品性能或增加了使用功能的改进型产品。国家为此推出了《国家重点新产品计划》，以扶持具有自主知识产权及对国民经济基础产业、支柱产业起重大促进作用的新产品。近年来，随着社会对公共安全需要的增强，社会公共安全行业呈现出蓬勃发展态势，安全检查、计算机安全、警用装备等领域的行业企业，为了使自己研发的新产品得到社会尤其是公安部门的认可，或及时获得国内外同类产品的前沿技术发展资料，开始关注并重视公安科技查新，其中的许多企业在论证会前，通常会找到公安科技查新机构申请新产品论证查新。近年来比较典型的事例是警用无人直升机、拆弹机器人等产品器材的研发，许多行业企业在开发过程中，对国内外同类产品的了解不是很透彻，而这类产品的开发又是一个涉及大量资源、人力、设备、资金等多种要素的复杂工作，在开发新产品时有必要进行可行性论证，而公安科技查新又是论证的基础工作之一。

（二）服务对象

公安科技查新工作的服务对象不断增多，以公安系统内的单位为主，外延到社会公共安全领域各企事业单位以及社会其他机构。据统计，目前公安科技查新工作的服务对象主要包括：公安部机关、部属科研单位和公安大专院校，地方公安机关、科研教学单位，社会公共安全行业企业，社会其他单位等。通过对2005~2014年公安科技查新报告的统计分析，公安科技查新工作主要服务对象的分布情况如图1所示。

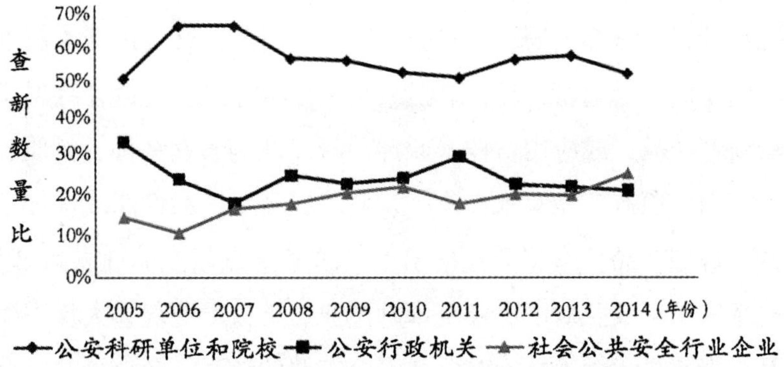

图1　公安科技查新工作的主要服务对象分类统计图

从图1可以看到，2005~2014年的十年间，公安科研单位和院校的查新项目数量总体来说比较稳定，变化不是很大；公安行政机关的查新数量总体上呈平缓下降态势，但下降幅度并不大；社会公共安全行业企业查新数量增长较快，十年中增长了近一倍。这可以从一个角度说明，行业企业参与公安装备器材和安全类产品研发的比重在逐步增加，这有利于引入社会上的高新技术，提高公安科研水平和提升公安装备器材的质量。

（三）专业分布

随着公安科技工作的快速发展，公安科技查新工作涉及公安专业各个方面，专业越分越细且交叉融合。据统计，目前公安科技查新报告中所涉及的公安专业技术领域已包括法庭科学、消防工程与技术、计算机信息安全技术、警用信息通信技术、警用装备器材、道路交通管理技术、安全防范技术七大类，几乎覆盖了目前公安科技工作的主要专业技术领域（见图 2）。

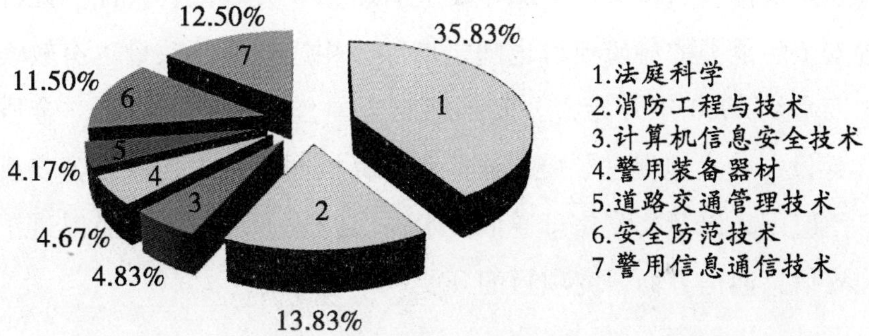

图 2 2005~2014 年公安科技查新数量按专业技术领域分布图

从图 2 看出，在公安科技查新工作涉及的七大类专业技术领域中，查新项目比较集中的领域是法庭科学、消防工程与技术、安全防范技术、警用信息通信技术。其中，法庭科学占 30%以上，是公安科技查新的主要学科领域，并有逐年上升的趋势；然后是消防工程与技术、安全防范技术。

通过对统计结果的分析表明，一是随着公安科技的持续发展，作为侦查破案重要手段的法庭科学技术在公安科研领域占有重要位置，而且一些现代科学技术也逐步被吸收到公安业务工作当中。例如，利用现代遗传学工程中的 DNA 技术，对嫌疑人的身源进行准确的识别，使现案物证检验从原来的蛋白水平跃升到现在的基因水平，检验结论从原来的定性鉴别跃升到目前的定性定量认定，已成为公安机关办案的常规手段并广泛应用于各种刑事案件侦破之中，在实际工作中取得了明显的成效。二是随着我国经济的快速发展，火灾的发生也较为频繁。据近年来统计资料显示，我国几乎每年都会发生数起群死群伤的重大火灾事故，因此，国内消防科研单位逐步加大了灭火技术、人员疏散技术、防火工程建设、电器防火等方面研究工作的力度，某些研究成果已经达到世界先进水平。消防工程与技术项目的查新数量比例因而有逐渐增大的趋势。三是随着我国近年来第二代居民身份证的换发和举办世博会、APEC 会议等大型活动，有关制证、验证、证件防伪等安全防范类的科研项目也随之增加，相应的查新数量也有较大增长。四是从 2000 年开始，公安部组织全国公安机关开展了“金盾工程”建设，极大地促进了警用通信和计算机网络技术在各级公安机关的广泛应用，以及公安信息通信技术需求的快速增长，进而促进了一批公安信息通信方面研究项目的开展。

（四）行业优势

公安科技查新与机械、电子、化工等行业查新一样，属于行业性科技查新工作，即查新工作性质一样，只是所属专业不同。所以在机构建设、队伍要求、制度建设、工作规范，乃至工作程序、查新文件格式等方面相差不多，都要执行国家主管部门的有关规定和要求。但是，作为隶属于公安系统的行业查新工作，公安科技查新机构对于承办公安机关所属单位或社会公共安全行业企业的查新项目，确实存在着一些明显的优势。总结起来，可以归纳为以下几点：

1. 过硬的纪律作风

信息所是公安部所属的科技研究单位，现有的查新人员（无论是查新员还是审核员）都是在编民警，因此必须遵守公安机关的各项纪律规定，保持着公安队伍的优良作风。仅就查新工作来说，其突出的优势表现为：坚决执行上级命令、敢于承担艰难任务、办事严谨认真，具有高昂的工作热情、高效的办事效率和无私的奉献精神。另外，公安系统的许多科研项目涉及敏感内容，由信息所担负查新工作最为合适。因此，相比社会上其他查新机构，这些优势对于承办公安系统各单位尤其是上级机关提交的各种科技查新任务来说是十分明显的。例如，2009 年公安部科技信息化局领导交办一项查新检索任务，要求两天时间内对某种新型警用装备技术进行国内外查新检索。接到任务后，信息所组织精干查新人员，加班加点、全力以赴，按时完成查新任务并提交了高质量的检索报告，受到上级单位的表扬。2011 年北京市公安局刑事技术处紧急申请办理一项生物化验技术方面的国内外查新项目，希望四天内提交项目查新报告。信息所查新人员急一线实战单位之所急，打破常规，按加急查新项目程序办理，终于按期提交了查新报告，受到项目申请单位的高度赞扬。

2. 熟悉行业技术发展

一般来说，作为行业性查新机构的工作人员，了解和熟悉本行业的科技发展情况是做好本职工作的基础。而信息所作为全国公安系统唯一的查新机构，恰好又是各种公安科技信息的综合性汇集单位，了解和熟悉公安科技各专业技术现状和发展趋势。作为信息所科技队伍的一部分，现有的查新人员对公安各专业技术基础知识比较熟悉，又都具有多年的科技查新经验，有的查新人员从事查新工作超过二十年且具有高级技术职称，因此承办公共安全类查新项目比一般社会上的查新机构具有明显优势，特别是一些极具公安特色的项目，如法医技术、痕迹检验、文件检验、警用武器、防暴装备、消防器材等，大多数都到公安科技查新机构办理查新。近年来还出现这样一种情况，即社会公共安全企业来信息所申请办理查新的数量增长较大。据有的企业称，此前他们已经联系了社会上规模较大的科技查新机构，但经过反复考虑和细致比较，最后还是转而向信息所办理了项目查新。近年来的查新数据表明，公安系统的科研院所、大专院校、技术部门以及社会公共安全行业企业是公安科技查新工作的主要用户，这样的单位包括公安部物证鉴定中心、公安部沈阳消防研究所、中国人民公安大学、中国人民武装警察学院、北京市公安局刑事技术处、沈阳市公安局交警支队、四川华卫生物安防科技有限公司、大连声鹭科技有限公司等，这也基本反映了公安科技查新的行业特色。

3. 具有专业信息资源

公安学是一门不断发展的学科，其内容既包含公安专业理论方法和研究，如公安学基础理论、刑事侦查学，又包含公安专业应用技能知识，如法医鉴定、痕迹检验、刑事照相、消防技术，其中涉及机械、材料、电子、化学、光学、信息、生物等许多领域的技术。公安学科理论与实践的文献资源涉及的主题范畴非常广泛，因此，做好公安科技查新工作就必须拥有多种文献资源以保证查新质量。经过多年的努力，目前信息所已经具备完成各种公安科技查新项目所需的文献资源。除了具备一般科技查新机构所应具备的文献资源外，信息所还收录了大量公安科技特有的数据资源，如刑事、消防、交通、警用装备等专业技术文献，以及会议论文集、内部技术刊物、科技论文集等。其中一些公安专业会议资料能够比较全面地反映某一学科领域的基本情况与最新进展，内容新颖、质量较高、主题集中，在查新检索方面有很大的参考价值，如《全国物证鉴定技术破案研讨会论文集》、《全国法医人类学学术交流会论文集》等。此外，信息所还收集了大量公安机关内部发行的科技书籍、刊物和资料，如每年按期编印发布的《公安科技成果公报》、《国外安全技术参考》以及《警用武器实用手册》、《公安装备管理培训教材》等。相比其他查新机构，这些特殊的信息资源为公安科技查新机构更好地完成各种公安类以及社会公共安全类科技查新项目提供了良好的信息条件，多年的公安科技查新实践也证明了这一事实。

（五）检索资源

公安科技查新检索的信息资源是多年探索和逐步积累起来的。公安科技查新机构目前拥有较完整的公共安全领域的专业信息资源，主要包括通用性信息资源和专用性信息资源两种。其中，通用性资源与一般其他查新机构所使用的相差不多，如中国知网（CNKI）、重庆维普的中文科技期刊全文数据库、万方数据库、国家科技图书文献中心（NSTL）、中国专利数据库以及美国政府研究报告数据库（AD）、法庭科学文献库、国际航空航天数据库（AIAA）、美国工程索引文摘库（EI）、英国科学文摘数据库（INSPEC）、美国政府报告文摘题录数据库（NTIS）、简氏年鉴（IHS Jane's Police & Homeland Security Equipment）、简氏防务周刊（Jane's Defence Weekly）、部分国外核心期刊等随时更新的全文和文摘数据库。专用性资源是公安科技查新机构所专用而其他查新机构所没有的，主要包括公安部每年编制并内部发行的《公安科技成果公报》、公安部科技成果登记数据库等，其中《公安科技成果公报》因其包含了当年所有公安部鉴定、验收、备案的成果，所以使用率最高。此外，公安科技查新机构也在不断完善现有检索资源，及时更新并积极配置与公安科技领域相关的新增期刊，以保证公安科技查新的查全率。

三、公安科技查新工作程序

根据《科技查新规范》的有关规定，参照国内同行的先进经验，公安科技查新工作的基本流程分为以下五个阶段：委托人提出查新委托，查新人员受理查新委托，文献检索，查新报告的编写、审核与出具，查新文件归档（见图3）。

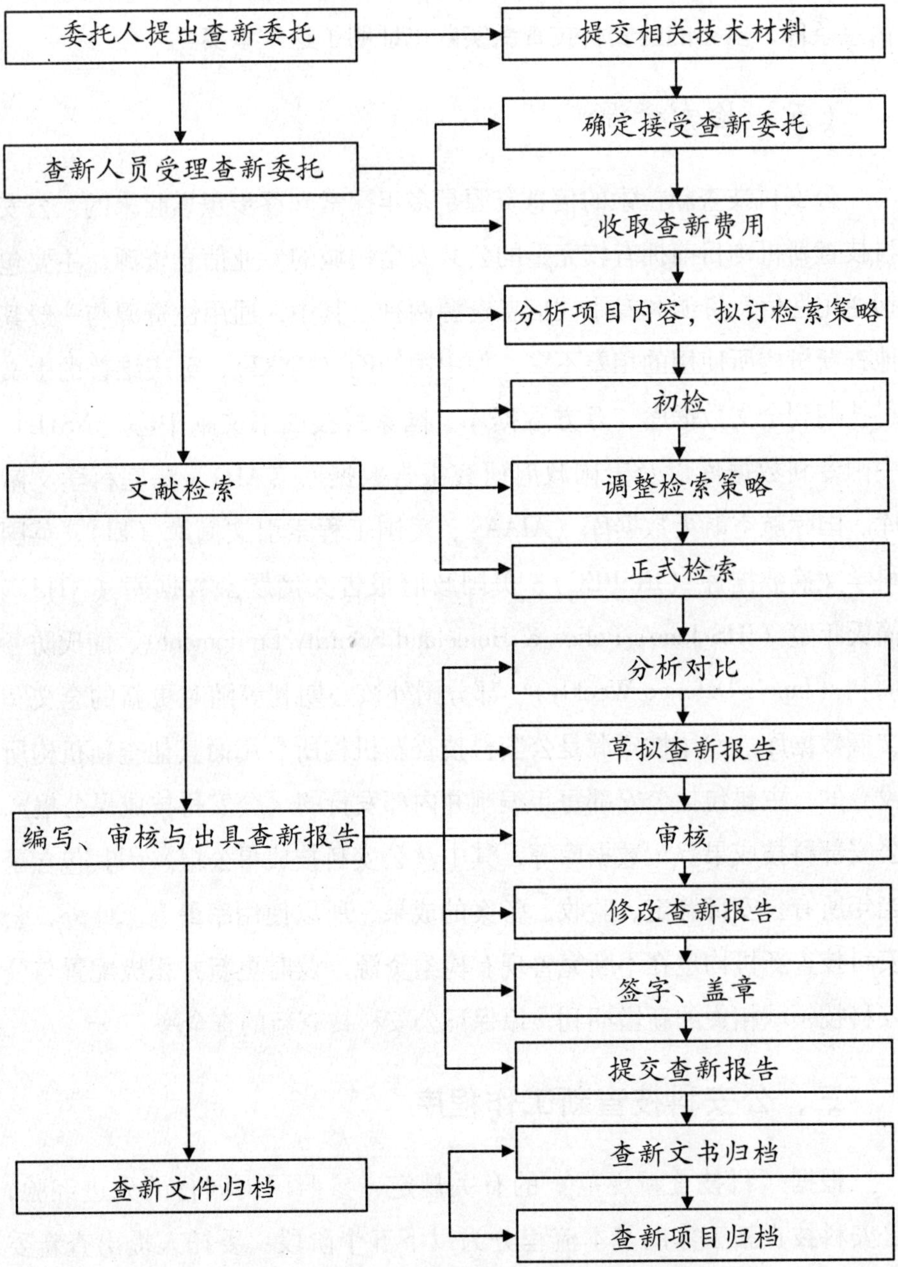

图3　公安科技查新工作基本流程图

（一）查新委托阶段

查新委托是公安科技查新工作的第一个基本步骤。查新委托人和查新员双方通力协作、密切配合，才能把该阶段的工作做好。该阶段对查新委托人的要求是：应依据《科技查新规范》有关要求，自我判断待查新项目是否属于查新范围，然后填写科技查新委托书，内容包括：查新目的、查新点与查新要求、查新项目的科学技术要点、关键词和术语、参考文献等；向查新员介绍委托查新项目的相关技术情况，提交相关的技术资料，使查新员对该项目的背景技术知识有所了解。对查新员的要求是：应认真听取查新委托人对查新项目的介绍，做好接题询问，了解查新重点；请委托人详细介绍该查新项目的技术要点，如该项目研究所运用的原理、采用的工艺路线、其结构特征、所能达到的性能指标、设计意图及应用范围等；在弄清楚该项目研究对象的情况下，用自己的语言向委托人当场进行复述，尽快使双方达成对本项目进行查新检索的初步共识。

1. 委托前的沟通

科技查新是一项严谨的技术工作，同时也具有服务行业的特点，讲究人际交往艺术。因此，公安科技查新员应针对不同的查新委托人，采用不同的交流策略和方法。首先，查新委托人要向查新员充分客观地叙述项目的技术要点和存在的不足，而查新员应认真听取介绍并尽可能从介绍中捕捉待查项目的关键技术所在。其次，在双方沟通中，委托人要尽量客观地讲述，争取做到知无不言、不留死角；查新员的提问要有针对性，循循善诱，促使委托人把项目的研究内容、技术重点及创新点等尽量详细地描述出来。最后，查新员要及时将自己所领会的项目查新点反馈给委托人，协助委托人优化改进查新委托书应填写的技术内容，或者启发和帮助委托人重新提炼创新点，并确保双方对查新点的设立达成共识。

在双方沟通的过程中，查新员向委托人索要相关技术资料是一项重要的工作。一般情况下，任何一项科研项目都有一定的持续性，项目研究人员通常会参考已有的方法和技术并用于自己的研究工作中。所以，查新员应请委托人将其已掌握的相关技术资料、背景知识材料及能详细描述该成果或发明的技术资料，如研究报告、技术说明、研究项目报告、成果申报表、专利说明书、设备结构图、产品配方、产品样本测试报告等提供出来，作为查新工作的入手点和参考资料。

2. 委托书的填写

科技查新委托书，是指查新委托人与查新机构约定，由查新机构处理查新委托人的查新事务的书面形式，通常简称查新委托书，亦称委托书。委托书内容的填写通常是由委托人与查新员协商并在其协助下完成的，填写内容包括：查新项目名称、委托单位信息、查新目的、查新范围、科学技术要点、查新点、中英文关键词、名词和术语解释、项目组发表的论文和申请的专利、与查新项目密切相关的国内外参考文献、查新检索结果提供时间、获取报告方式等。委托书中科学技术要点、查新点、关键词及术语的填写质量非常重要，与查新检索的准确性和全面性密切相关。因此，查新委托人一般由项目负责人或者主要技术人员担任，因为只有他们才能讲清待查项目的技术路线、技术特征及创新点，并能提供比较恰当规范的关键词和术语解释。

（1）科学技术要点的撰写。科学技术要点应能充分反映查新项目的概貌，揭示待查项目的背景技术、要解决的技术问题、采用的技术方案，说明待查项目的主要科学技术特征、技术参数或指标、应用范围等相关技术内容。针对不同类型的查新，科学技术要点的填写方式和内容略有不同（见表2）。

表2　不同查新类型的科学技术要点内容

查新类型	重点填写内容
科技立项查新	项目构思方案，项目的国内外背景，拟研究的主要科学技术内容以及拟达到的具体指标。
成果鉴定查新和项目验收查新	项目的主要科学技术特征，已完成项目与现有同类研究、技术、工艺相比所具有的差异性，主要创新点，项目科学技术水平的数据和量化指标。
专利申请查新	项目的主要技术特征或权项范围，与现有（专利）技术的比较，突出项目的创新内容。
科技成果奖励申报查新	项目的主要科学技术特征和创新点，体现项目科学技术水平的数据和量化指标，以及研究成果的专利号和申请号，说明项目的国内外背景、基本原理和技术指标，与同类研究相比项目达到的水平，推广应用前景。
新产品开发论证查新	主要技术工艺、成分、性能指标等数据，以及已达到的规模及效益等；反映其技术水平的主要工艺（技术组合）、成分、性能指标等数据，与国内外同类产品的参数对比，项目已达到的规模（小试、中试、工业化生产）及效益。

在填写科学技术要点时，查新委托人应注意：第一，应秉承客观公正的原则，认真分析和概括科学技术要点，切忌随意截录甚至拷贝整段项目申报书的内容。第二，填写内容应逻辑性强、条理分明，切忌含糊其辞、拐弯抹角地描述项目的研究内容，一味强调项目研究的意义或与他人研究的区别而无实质性的技术内容。第三，切忌出现与主要技术内容无关的空泛叙述，以及修饰性、广告性宣传用语，如率

先、首创、国际领先、先进水平、性能优异等词语。第四，尽量不出现委托人自编自创的词语，如果必须使用，则应采用相关技术领域中同行认可、通用的技术词语描述其实质内容，使行业内的技术人员和查新员能够正确理解。第五，科学技术要点内容篇幅不宜过长，字数控制在300~500字为宜。第六，注意文字与术语规范以及计量单位的换算。

在实际工作中，曾出现过这样一个例子：某公安科研单位提交一项名为“刑事犯罪信息综合采集查询反馈系统”的查新项目，其委托人填写的科学技术要点的原文为：“本项目由××市公安局刑科所承担，提高了办案信息采集率和利用效率，具有良好的市场占有率，受到市领导和局领导的表彰，办案民警反馈良好。”查新员初步检索后发现，该项目重点在于提出了违法犯罪可疑人员信息采集查询反馈的总体方案，原文缺乏对待查项目技术方案及应用范围的准确描述，并出现“具有良好的市场占有率”、“受到市领导和局领导的表彰”等宣传性词语。经双方沟通后，查新委托人将科学技术要点修改为：“本项目提出了违法犯罪可疑人员信息采集查询反馈的总体方案，采用DNA数据库技术，主要功能是核实人员身份、网上逃犯及前科劣迹人员比对、随身物品比对查询、人员轨迹确定、高危人员确定、现行犯罪认定等。”从而保证了该项目查新工作的顺利进行。

（2）查新点的提炼。查新点是需要查证的、体现查新项目新颖性的技术特征，是科学技术要点中的一部分内容。查新点的描述要据实完整，力求简明扼要，逻辑清晰；要采用已有的、较为规范的技术术语进行描述，用词要严谨、准确，不使用模糊不清的词语和广告宣传语，不使用委托人自编自造的词语。

查新委托人在填写查新点时，应以科学技术要点为依据，从项目的技术方案及关键性的技术特征中提取反映项目创新性的内容，切忌将项目的一般性技术特征列为查新点。通常情况下，项目的查新点只有1~2个，最多不超过3个。罗列过多无意义的查新点，只会干扰查新员的检索思路，延长查新周期。为避免此类情况出现，委托人有必要通过知网、万方等网络数据库进行预检，以明确查新项目与现有研究的区别，然后再填写项目的查新点，并逐点归纳、逐条列出。

查新点是查新工作的主线，也是查新员拟订检索词和检索式乃至对比分析和判断查新项目新颖性的重要依据。原则上，查新点应该与委托人提供的技术材料一致，查新机构有必要对此进行比较。查新人员在对查新点进行审查时，要认真分析委托人填写的科学技术要点，读懂吃透待查项目的研究内容和实质性创新内容，并充分与委托人交流分析，提炼和完善查新点。例如，某查新项目“研究××生物检材中××毒品的检验”，委托人提供的查新点为：“采用新型催化剂，对外周血的某毒品检验。”查新员通过与委托人交谈，了解到该项目组采用的技术手段为异超高效液相色谱技术，发现在外周血的毒品检验方面，国外虽有文献报道，但未见采用异超高效液相色谱技术研究相同生物检材中的××毒品检验的文献报道。所以经提炼后的查新点为：“采用异超高效液相色谱技术检验××生物检材中××毒品。”

（3）关键词和术语的填写。关键词和术语是委托人提供的体现查新项目及其所属领域技术性和专一性的词语。关键词和术语填写得准确与否，将直接影响查新检索的效率和结果。为保证查新检索的质量，委托人在填写关键词时应注意以下几个问题：

第一，立足规范词，兼顾自由词。委托人应填写规范的检索用语，或者术语词典上的专有名词，但如果仅用规范词检索，往往会造成漏检，因此委托人通常也将未经规范的自由词作为补充。如“甲基苯丙胺”、“氯胺酮”是规范的主题词，是委托人必须提供的关键词，而“冰毒”、“K粉”、“麻古”作为自由词也应该被提供。

第二，忌用自造词，慎用词组或短语。委托人提供的关键词应该是涵盖行业内公知公用的专业术语，而不是委托人自创或拼凑的词汇、企业自己命名的产品名称等。如果查新员利用自造词去检索，通常是检索不到相关文献的，故应该禁用自造词。而短语或词组，要采用该专业领域通用或常用的，如委托人提供的关键词“地铁新型爆炸物处理装置”，实为“防爆球”。另外，尤其要注意避免用委托人提供的自己拼凑的英文词组。例如，委托人提供“防毒过滤罐”的英文词组为“antitoxic filtration tank”，但在文献中使用频率较高的英文词为“canister”。

（4）其他填写内容及注意事项。

第一，查新委托人的信息。查新委托人应向查新机构提供联系电话、传真、电子邮箱及通信地址等信息。其作用在于，当委托书存在不规范、含混不清的内容时，查新员能及时与委托人进行联系和沟通，以充分掌握查新项目的实质内容；当查新报告完成后，查新机构可以第一时间通知委托人，缩短委托人等待查新报告的周期。

第二，选择提取报告方式。公安科技查新机构一般提供两份标准查新报告，如果不能满足查新委托人的需求，委托人则须填写加印的份数。加印的查新报告将另外收取费用。委托人获取报告的方式有自取和邮寄两种方式，可根据需要自行选择。

第三，查新报告的提供时间。公安科技查新机构出具一份国内查新报告的时间一般是5个工作日，出具一份国内外查新报告的时间是10个工作日。如果委托人急需查新报告，则需要与查新机构联系办理加急查新业务，由此产生的费用由委托人额外支付。

第四，委托人提供的技术资料。委托人办理查新委托时，应提供能反映查新项目内容的技术资料，包括参考文献、项目组发表的论文或申请的专利、立项申报书、项目总结报告等。对于参考文献，委托人一般列出3~5篇与本查新项目密切相关的国内外文献目录，包含标题、著者、刊名、年、卷、期、页。这在某种程度上能够为检索提供可靠线索与帮助，让查新员更快地了解该项目的引进部分和国内外的研究现状等。因此，委托人切忌为敷衍查新员而随意附上参考文献，也不能因为参考文献与所申请项目过于密切相关而故意舍弃。对于查新项目组发表的论文或申请的专利，查新员应仔细鉴别，防止将这些文献作为已有同类研究而否定查新项目的新颖性。对于立项申报书和项目总结报告等资料，查新员应确认委托书中的内容是否与技术资料中的内容一致，提高查新报告的科学性、严谨性和严肃性。

第五，查新项目名称填写要严谨。查新项目名称是项目内容的高度总结，应能准确反映项目的技术要点等。同时，要保证填写的查新项目名称与申报材料一致，避免被当做不同的项目而带来后续麻烦。

（二）查新委托受理阶段

公安科技查新机构在受理查新委托时，一般要依据《科技查新规范》的有关规定，首先判断待查新项目是否属于查新范围，判断查新项目所属专业是否属于本机构查新业务的受理范围。若查新机构接受委托，则按照《科技查新规范》中的有关要求，指定具体的查新员和审核员，并由其初步审查委托人提交的资料是否存在缺陷，是否符合查新要求，同时判断查新委托人提交的资料内容是否真实、准确，并收取查新检索费用。

委托书是查新工作的依据，同时也是解决纠纷的原始依据，因而对查新委托书的评审是审查工作关键性的第一步。查新人员应逐一检查查新委托书的各项条款，评审查新点、查新科学技术要点等内容的填写是否符合要求，对其合法性和可行性的论证、表述的完整性以及条文的准确性等进行逐条审查。随着网络的应用与普及，越来越多的委托人选择通过邮件办理查新业务。由于不是当面委托，委托人填写的委托书难免有不合乎规范和要求之处，查新人员在收到委托人的网络委托书时，应慎重、仔细地核对委托书中的各项填写内容，如发现问题，要及时与委托人联系，共同商定委托书的修改。委托书审核合格后，查新人员应在查新委托书登记表上签字，并记录受理时间。

查新机构应当严格遵照委托书中签订的完成日期向查新委托人提交查新报告。如果由于委托人填写委托书不清楚而延误查新报告完成时间，双方应进行沟通、协调推迟查新报告的出具时间，并重新修改委托书的相应内容。在查新机构正式受理查新委托后，委托人不得更改、撤销委托书，如已经发生额外的检索费用，委托人应向查新机构补交相应的费用。在处理查新争议时，委托人和查新人员应秉持实事求是的态度，如实反映事情真相，全面客观地认定争议事实和客观情况，并依据相关法律、法规和当事人双方的合法约定，确定责任，从而保证查新事务的顺利进行。

（三）文献检索分析阶段

文献检索是查新人员认真分析用户提供的资料，确定查新重点，选择合适的检索词，制订和调整检索策略，在国内外联机及相关数据库中检出相关文献的过程。随着计算机和互联网的发展，科技文献的检索方式从手工检索（以下简称手检）发展为今天的计算机检索（以下简称机检）。尽管机检越来越便捷，电子文献覆盖面越来越广，但并不是所有的研究成果都转化为数字化形式，还有许多会议论文、学位论文和一些具有保密性的特殊文献等未公开发表或未被收录于数据库而存储为纸质印刷品。尤其是许多公安科技内容具有明显的行业特色，很多内部资料不可能公开发表。为了提高查新检索的准确率和查全率，公安科技查新工作通常以机检为主，手检作为必要补充。在实际工作中，公安科技查新工作对查新项目的追溯年限规定为：发明奖前推15年，技术成果鉴定、进步奖前推10年，其他技术咨询查新前推10年。对于新兴学科、高新技术项目，前推年限可酌情缩短；对于较成熟的技术产品、工艺和专利等，前推年限应酌情延长。

1. 数据库和检索工具的选择

文献检索前，查新员应重点考虑数据库和检索工具的选择。一般来说，专业数据库以其专业性强、专指度深见长。所以在查新过程中，一般优先选用查新项目所属专业范围内比较重要的专业数据库，而综合性数据库虽然专业深度稍差，但收录范围全面、丰富。所以这两类数据库应配合使用，以互相弥补不足、发挥各自优势，从而达到文献检索的最佳效果。互联网上的免费数据库在查新检索过程中往往能发挥重要作用，如免费专利数据库，可部分解决专利申请查新时文献查找难的问题，这类数据库主要有：中国专利文摘库（http：//www. sipo. gov. cn）、国家专利信息网（http：//www. patent. com. cn）、美国专利全文数据库（http：//www. uspto. gov. /patft/）、欧洲专利全文数据库（http：//ep. espacenet. com）等。查新员还须根据查新委托书，明确检索范围是国内还是国内外文献，进一步确定要检索的数据库。另外，互联网上丰富的科技、产品、商业、新闻等信息也是比较重要的查新文献资源。

检索工具主要是指目录、文摘、题录和索引等二次文献，如《公安科技成果公报》就是公安科技查新工作中常用的典型二次文献。对于手检而言，检索工具的存在将大大提高查新检索的效率。由于二次文献不可避免地具有时滞性，因此查新员也应检索与查新项目专业范围相关的原始资料现刊。

2. 检索策略的确定

检索策略的制订是查新员对查新项目的科学技术要点进行细化分

析、概念提取、生成关键词或检索词、制订检索式的过程。制订检索策略的基本要求是，尽可能准确表达查新委托人的信息需求，以期获得满意的检索结果，同时尽可能节省联机时间，降低检索费用。

查新员可参照以下流程进行检索策略的制订：

（1）分析查新委托人的信息要求，确立检索目标。

（2）选择检索系统和数据库。在选择检索系统时，应当主要考虑其功能、提供的数据库、价格、易用性等因素。

（3）对检索项目进行概念分析。查新员应当在分析检索项目的主题类型、主题结构的基础上，对具有检索意义的主题概念进行提炼和取舍。

（4）选择检索词。注意所选检索词的全面性、专指性和一致性。

（5）构造检索式。对编制检索式的要求是：准确反映检索提问的主题内容，适应所查数据库的索引体系和检索用词规则，符合检索系统的功能及限制条件的规定。为了满足上述三项要求，查新员应当了解检索系统的特性与功能，熟悉所检数据库的标引规则及词表结构，掌握必要的检索技术及调节技术，了解查新项目所属专业的知识。

检索策略与相关文献的命中率密切相关，为保证查新检索的质量，查新员在制订检索策略时应注意以下几点：

第一，精炼关键词。查新检索过程中，查新员应尽量控制关键词的数量，排除重复和不必要的检索用词，做到不使用广告和宣传性用语，如不应该使用“高效率安检仪”、“大功率泡沫灭火器”，而应该采用“安检仪”、“泡沫灭火器”，让关键词越精练越好。但为避免出现检索结果太多的情况，查新员可采用检索词的下位词或概念的外延进行检索，以缩小检索范围。例如，分别以“水枪”、“警车”为关键词检出的相关文献较多，而用下位词“消防水枪”、“警务指挥车”就可以明确定义课题重点，缩减文献范围。

确定检索词后，查新员要考虑检索词是否覆盖技术要点，是否有其他能更准确表达检索概念的词。如果出现同义词、近义词、相关词和表达同一概念的各种隐含词、替代词等，需要从中进行优选，如“指纹”、“指印”、“手印”、“掌纹”之间互有概念包含和差异。同时应注意，在选择同类检索词的基础上，优先选择专业关键词。例如，“狗”和“犬”是同类词语，但在公安专业术语里出现的都是“警犬”、“搜爆犬”、“搜毒犬”等，因此选择“犬”更为专业和规范。

第二，合理采用“逻辑与”、“逻辑或”组配检索式。关键词与关键词之间通常是用“逻辑与”组配进行检索的。“逻辑与”是具有概念交叉和限定关系的一种组配，可使概念内涵加深、外延缩小，相当于对文献进行缩检，通常用“＊”或“and”表示。而“逻辑或”是概念的扩大，相当于扩大检索范围，一般用“+”或“or”表示。在文献检索的过程中，若选择单个的关键词检索，所得检索结果比较简单，内容宽泛、不够准确。因此，为了完整、准确地反映检索项目的真实情况，必须根据所检项目关键词之间的逻辑关系，将简单的、单个的关键词组配成检索式，用检索式表达需要检索的全部内容。例如，对“9mm 铅芯弹头的 V50 数据库”项目进行查新，其关键词为：弹头、子弹、V50、数据库，采取逻辑运算符的检索式为“k =（弹头+子弹）＊V50＊数据库”，可准确、规范地检出大量相关文献。

第三，选择合适的截词符和位置符。在进行国外科技查新检索时，查新员必须合理利用截词符和位置符提高相关文献的命中率。截词符用于解决一些词干相同、词义相近，但词尾或词头不一致的派生词或名词的单、复数形式，或同一词的英美不同拼写形式等词的多次输入，通常用“？”表示替换某个字词中间或结尾的任何一个字符。例如，用“cat?”将检索到“cats”、“cate”、“cato”等关键词的科技文献。用“＊”表示在检索词的开头、中间或结尾可替换最多10个字符。例如，用“detect＊”可检出含有“detect”、“detection”、“detecting”、“dedector”等词的科技文献。位置符用以限定两个检索词间的位置关系，只有这两个词的相互位置符合规定的相邻度才能被命中检出。使用位置符能够提高查准率。一般可用“Pre/n”或“P/n”表示两个检索词彼此相邻，最多可插入n个单词，词序保持不变。例如，“photo p/0 detector”可检出含有“photo detector”、“photo-detector”等的科技文献。用“Near/n”或“N/n”表示两个检索词彼此相邻，最多可插入n个单词，词序可改变。例如，用“fiber＊ n/0 optic”可检出“optical fiber”、“fiber optics”、“optical fibers”等词的科技文献。在实际检索过程中，查新员应认真检查截词符和位置符是否恰当，通过调整思路或策略不断进行改进和完善。

第四，检索词和检索式要科学搭配使用。尽管可以将项目或成果标题直接改写成检索式，但应尽量采用从科学技术要点与查新点中分析确定的关键词或检索词编辑检索式，以充分反映查新项目的实质性内容。确定检索策略的关键是根据已确定的概念或关键词的重要程度或权重关系，然后依次排序组成检索式。检索式中关键词之间的运算关系为“与”、“或”、“非”。就逻辑运算性质而言，使用“与”和“非”运算可以提高检索的查准率，使用“或”运算则可以提高检索的查全率。因此，检索词与运算关系的搭配非常关键。以下是几种常见的检索式：

（1）（检索词1+检索词2+检索词3+，检索词N）＊（检索词A+-检索词B）。

（2）（检索词1+检索词2+检索词3+，检索词N）＊（检索词A+检索词B+，检索词M）。

（3）（检索词1+检索词2+检索词3+，检索词N）＊检索词P。

第五，检索策略的正确使用。确定检索策略和检索式的另一个决定性因素是文献资源数据库的资源结构特征及其检索工具的特性。有些文献资源库的检索工具可能不支持某些检索式，而有些检索工具可能仅能使用和运算检索式才能获得较高的查全率和查准率。各数据库的检索表达式、逻辑算符、位置符、截词符等或多或少地存在差异，查新员要分别牢记各数据库的特征。对于复杂的查新项目，一次检索可能不会得到满意的结果，需要根据检索结果对检索策略进行优化后，再次进行检索或多次进行检索。

3. 检索结果的审核

检索完毕之后，查新员应对检索到的信息进行适当的组织与分类，分析判断、审核每一篇文献的相关性，尤其在出现检索结果不理想的情况下，查新员还应进行检验和调整。检验和调整有以下几种方式：一是增加新的相关数据库检索。二是用分类检索途径来检验从主题词途径检出的文献。三是用数据库设置的其他字段检验主题词和检索结果。四是扩大或缩小检索范围。当检出的记录文献太少时，应当调整检索策略，适当扩大检索范围；当检出的记录文献过多时，应当优化检索策略，缩小检索范围。

（四）查新报告编审及出具阶段

查新报告是科技查新工作的最终体现，其内容应能完整反映查新工作的步骤和内容。查新员将检索得到的文献，根据查新项目的科学技术要点，分为密切相关文献和一般相关文献，再将相关文献与查新项目的查新点进行比较，确定查新项目的新颖性，草拟查新报告，并形成查新报告初稿。审核员应根据《科技查新规范》要求、相关文献与查新项目的科学技术要点、查新点的比较结果等，对查新程序和查新报告内容进行全面审核，并向查新员提出审查意见。查新员根据审查意见对查新报告进行修改并形成终稿。然后，查新员和审核员在查新报告上签字，并加盖公安部科学技术信息研究所科技查新专用章，并按照委托书中提交报告的方式，将完成的查新报告交予查新委托人。

公安科技查新工作中有时也会产生争议，其焦点一般在于查新报告中的查新结论部分。而查新结论表述内容和方式的恰当与否，将直接影响查新项目的新颖性。根据《科技查新规范》的要求，查新结论是对查新点新颖性的准确表述，需要以相关文献为依据（通常用上角标注相关文献的序号），不得有倾向性描述、水平性评价和褒贬之辞以及广告性用语，重在体现客观性。

1. 查新结论结构及表述方式

查新结论通常可分为三部分：第一部分介绍检索到的相关文献概况，第二部分进行对比分析，第三部分对查新点是否具有新颖性作出评价或结论。以某省公安高等专科学校的交通管理技术查新项目为例，将查新结论的三部分内容直观展示如下：

（1）查新结论的第一部分，一般是用简练的语言对与查新项目或查新点相关的文献报道的情况进行说明的内容，描述检出文献的程度或数量，可用“很多”、“一些”、“较少”等定性词语，也可用“39篇”、“50多篇”等定量词语。同时，还可以对报道文献的范围或种类进行说明，如“××技术（产品）已有文章、技术、专利、成果、产品、应用等方面的文献报道”。

例如，交通管理技术查新项目的第一部分用语为：本次检索，利用上述检索词和检索式，检索了上述国内外数据库和中文检索工具书，查到国内外涉及“交通肇事逃逸现场信息挖掘技术”方法的相关文献数百篇，本报告针对查新项目的5个查新点，仅列出上述39篇主要相关文献。

（2）结论的第二部分，一般是进行对比分析的内容，也是结论的主体部分，一般可用“根据所检文献范围”、“在国内已公开发表的中文文献中”或“在上述国内外数据库、互联网信息和中文检索工具书中”等语句来说明对比分析受所检文献范围的限定。然后可针对具体的查新点进行逐条逐项的对比分析，可参考使用下列语句：“针对查新点一，已有文献报道”、“对查新项目的××个查新点已有介绍（论述）”等，并可根据检索结果简单指出上述结论的出处。查新员也可针对查新点对应的所有内容进行综合比较论述。

例如，交通管理技术查新项目结论的第二部分内容为：

针对查新点一，在国内外已公开发表的文献中，已有文献研究构建交通事故现场的车辆油漆[1,7]、轮胎痕迹及碎片[2,6]、车体信息（如油漆、塑料、反光膜、橡胶、玻璃、车架号以及车辆轮距与轴距数据信息等）[3]的物证数据库，但未涉及映射—反演机理实现的物证智能比对系统。有文献基于映射反演原则构建犯罪映射反演的学习系统，以实现刑侦推理[4,5]，但未应用于交通肇事逃逸现场信息的物证比对。

针对查新点二，在国内外已公开发表的文献中，已有文献基于模糊关联规则 Apriori 算法用以改善交通性能[14]，但未涉及挖掘导致交通事故发生的频繁因素及规律；其他相关文献[8-15]基于多维 Apriori 算法挖掘导致交通事故发生的频繁因素及规律，但未涉及模糊理论。

针对查新点三，在国内外已公开发表的文献中，已有文献基于模糊区间理论或模糊综合评价公式[15,19,20]，贝叶斯与团树传播算法[16]，主成分分析法、灰色关联法及层次分析法[17,20]分析道路交通安全影响因素和道路水平安全评价，但均未涉及非优分析理论与方法。此外，该查新课题单位的人员在国外期刊上发表了“Evaluation research in

China's traffic informationization // Procedia Engineering，2011” 涉及非优分析理论的交通安全综合指标评估文章[18]。

针对查新点四，在国内外已公开发表的文献中，已有文献基于贝叶斯滤波，及同属于贝叶斯滤波的粒子滤波和卡尔曼滤波框架[21,23,25,27,28]，利用马尔科夫链蒙特卡罗采样算法[23-26,31]（但未涉及汉密尔顿马尔科夫链蒙特卡罗采样算法），直方图[23-25,28,29]，SVM[22,24]方法解决目标尺度剧变、光照变化、位置特征漂移等问题，以构建目标跟踪框架，实现复杂场景中的多目标跟踪，但以上方法并未出现在同一篇文献中。

针对查新点五，在国内外已公开发表的文献中，已有文献研究目标跟踪领域中多摄像机协同/协作问题[29,30,31,34,36,39]，并提出一种联盟机制多摄像机协作模型[29]，但未使用动态规划方法及机器学习算法快速定制多摄像协作联盟。并已有文献研究提出基于动态规划[32,37]、机器学习[33,35,38]的目标跟踪算法，但未应用于目标跟踪领域多摄像机协作模型的制定。

（3）结论的第三部分通常是对查新点是否具有新颖性作出判断，也是结论中最为重要的部分。该部分虽然语句不多，但用词应该准确，不应有漏洞。具体表述可参考下列方式：

对于属肯定性的结论可以用下列方式表述：第一，对于通过已检出文献可以明确确定查新点成立的情况，查新结论处可用肯定程度明显的语句：“未见有报道”。第二，对基于已检出文献推论查新点成立的情况，可用肯定程度较次的语句：“未有述及”。第三，对于涉及具体结构性、方法性、过程性的查新点，通过文献检索没有发现具体描述，并通过咨询专家仍无法确定查新点是否成立时，则可用客观性的语句：“未见有具体描述”或“未见明确提及”。

对于属否定性的结论可以用下列方式表述：第一，对于通过所检文献可以确定某查新点不成立的情况，查新结论可用否定程度明确的语句表述："已有报道"、"已有述及"或"已见与该查新项目相同的技术/方法/应用领域"。第二，对于已检出的相关文献基本否定查新项目的新颖性，但存在一些非重要内容不同时，可用否定程度较次的语句："查新项目与××文献/专利研究内容/方法基本相似"，或"该查新项目与××文献/专利属同一研究方向"等语句。如果委托人要求对查新项目的技术（产品）进行创新时间先后的查证，则可用"该查新技术（产品）已于××日期发表（鉴定/公开/生产等）"的语句表述。如需对查新项目技术（产品）的应用（生产）区域进行的查证，则可用"在××省（市）已见有××技术（产品）的报道（生产）"的语句表述。此外，针对查新项目的多个查新点分别已见文献报道但未在同一个文献报道中提及的情况，查新员也应客观公正地予以说明，而不能直接否定其新颖性。

例如，交通管理技术查新项目结论的第三部分内容为：

综上所述，经本次对国内外公开发表的文献进行查新检索，所查得的"交通肇事逃逸案现场信息挖掘技术"报道中，未见查新点一"基于映射—反演机理实现的物证智能比对系统"，查新点二"用以影响道路交通安全各个要素与事故、违章自身的部分属性及规律的多维模糊 Apriori 算法"，查新点四"基于贝叶斯滤波、汉密尔顿马氏链蒙特卡罗采样方法、直方图、基于 SVM 的模板匹配和模板更新步骤，建立融合跟踪、检测、学习的目标智能跟踪框架，实现复杂场景（夜间、模糊、遮挡、阴天、雨雪天等）长距离多目标跟踪"，查新点五"基于跟踪任务，使用动态规划方法及机器学习算法快速定制多摄像协作联盟，解决运动目标的遮挡、停止、阴影等问题，实现目标的持续跟踪，提高识别跟踪的精度"的研究内容；针对查新点三，已见该查新项目委托单位发表的相关报道，除此之外未见与查新项目"结合非优分析理论方法研究道路交通安全影响因素和道路水平安全评价”相同的文献报道。

上述查新结论的撰写方式未必最理想，查新员应根据实际检索情况慎重使用。查新结论在特定的情况下还可能有其他的表述方式，在此不再一一列举。

2. 新颖性的分析及判断

《科技查新规范》中的新颖性，是指在查新委托日以前，查新项目的科学技术内容部分或者全部没有在国内外出版物上公开发表过。新颖性在概念上有三个方面的界定：第一，时间上的界定：新颖性的判断是以查新委托日作为时间上的界限的。第二，内容上的界定：新颖性的查证内容是查新项目的科学技术的部分或全部内容。第三，范围上的界定：新颖性查证的范围是国内外公开出版物上的文献。实际查新工作中，新颖性主要表现在查新点上，是整个查新报告的核心。

（1）新颖性判断的文献标准是“国内外公开出版物上的文献”。对于科技查新而言，出版物，是指记载有内容的独立的传播载体，并且能表明文献发表者或出版者以及公开发表或出版的时间，不受地理位置、语言或获得方式的限制。出版物一般包括纸质文献、缩微胶片、影片、照相底片、磁带和光盘等。随着网络科技的发展，还应包括网络文献。

“国内外公开出版物”包括国内外的所有公开出版物。在实际的查新工作中，查新机构大多是以本单位所拥有的文献资源作为新颖性判断的文献范围。公开出版物的相对性还体现在公开的相对性上。在公开出版物中，有些科学研究的关键技术内容没有公开出来，这可能是由于某些科学研究有保密要求，也可能是作者个人对自己知识产权的保护，无论哪一种情况，造成的后果都是在进行新颖性判断时，无法全面准确的对比分析，也就无法给出较为客观的新颖性判断结果。

一些公安科技文献存在发表时间滞后、技术保密等情况，很多公安系统内部的科技文献资源是一般查新机构无法具备的，而信息所作为公安系统唯一的查新机构，在这方面具备一定的优势，适于承担公安系统的科研院所、高校及社会公共安全行业企业的一些专业的科技查新委托。

（2）新颖性判断的内容标准是“查新项目的科学技术的部分或全部内容”。查新项目是由一个或多个技术方案构成的技术项目，将技术方案分解为技术点，依据技术点的新颖程度来判断技术方案的新颖性是最基本的判断方法。因此，查新项目新颖性的查证应该是对项目主要技术点新颖性的查证。查新委托人可以将项目的主要技术点中的一个、多个或者全部列为查新点，查新人员主要是针对查新点来进行新颖性判断的。

（3）新颖性判断的时间标准是“查新委托日”，规定新颖性的对比文献是查新委托日以前的国内外公开出版物。其中，针对成果鉴定查新，委托人一般以其成果公开的时间为新颖性判断的时间标准，而不是以“查新委托日”为时间标准。因此，查新员和委托人需要在查新前就这一问题进行协商和沟通。

（4）新颖性的审查原则。公安科技查新人员在查新过程中一般遵循三个基本原则，即相同排斥原则、具体（下位）概念否定一般（上位）概念原则和突破传统原则。这三项原则使新颖性的审查更加严谨规范。第一，相同排斥原则，是指查新项目的科学技术领域、研究目的、技术解决手段和预期效果等方面均与公开报道的某一对比文献实质上相同，则该项目缺乏新颖性。第二，具体（下位）概念否定一般（上位）概念原则，是指在同一科学技术主题中，当查新项目和对比文献分别采用一般（上位）概念和具体（下位）概念限定同类技术特征时，具体（下位）概念的公开可使一般（上位）概念的查新项目丧失新颖性。反之，不影响查新项目的新颖性。第三，突破传统原则，是指传统上对某个技术问题普遍存在的偏离客观事实的认识，引导人们放弃了某种技术手段，而查新项目恰恰突破传统，采用了这种被舍弃的技术手段解决了技术问题，则查新项目具有新颖性。

3. 撰写查新报告的注意事项

查新报告中的任何分析、技术特点描述、每一个结论，都应当以公开信息为依据，符合实际，不包含任何个人偏见。在处理查新事务的过程中，应当站在客观的立场上，公正地为查新委托人完成查新事务。要做到这些，查新员需要注意以下三点：

（1）根据查新工作的意义，确定查新报告的基本特征。科技查新工作的意义在于为科研立项、科技评估、项目验收和成果鉴定等工作提供第三方客观评价结论，服务于各级科技管理部门和广大科技人员。它是查新人员通过使用检索工具和一定的检索手段，在掌握大量科技文献的基础上进行的文献调研活动，并非学科专家的评审工作。因此，查新报告主要是对检索所得的资料进行归纳，客观地将查新结果提交管理部门和专家审核，而不是对查新项目进行学术价值、实用性、先进性等方面的评价，所以参考性应是查新报告的基本特征。

（2）查新报告应客观公正、用词严谨。查新结论是整个科技查新报告的关键部分，也是撰写查新报告中遇到问题较多的地方。实际工作中，许多查新委托人希望公安科技查新机构对其查新项目作出水平评价，写上“国际先进水平”、“国内首创”或“填补国内、省内空白”等方面的评语。遇到这种情况，公安科技查新机构通常会向委托人解释清楚查新报告与专家鉴定意见的区别。查新结论应根据检索文献的结果进行文献分析和对比，客观地反映查新项目是否有新意，注意找出异同点，抓住项目中具有实质性创新或革新的成分，肯定其新颖部分，而不对其学术价值进行评价。因此，查新员在撰写报告时不能采用肯定性的评价语言，同样也不应填写缺点和建议。因为查新报告不同于综述性文章，不能加进个人观点和意见，报告的内容一定要有据可查。总之，客观和严谨必须贯穿报告始终，实事求是。

（3）查新报告应力求内容翔实、文字简练、技术用语准确。报告的重点应放在已有相似或相同研究工作的介绍，并将查新项目与这些已有研究进行对比分析，以确认查新项目的查新点是否新颖。对比分析时应考虑课题申报的级别，以便在国内外、省内外或公安系统范围的对比中有所侧重。

（五）查新文件归档阶段

科技查新档案是科技查新机构或查新相关负责人在科技查新活动过程中直接形成的、保存备查的、各种形式的原始记录（包括文字、图像、声音）。科技部2000年12月7日颁布的《科技查新规范》（国科发计字〔2000〕544号）明确规定：查新机构应当做好查新档案的管理工作。查新员应按照档案管理部门的要求，及时将查新项目的资料、查新委托书、查新报告及其附件、查新咨询专家的意见、查新员及审核员的工作记录等存档。这些条款对科技查新档案的管理工作提出了明确要求。自开展查新业务以来，公安科技查新机构一直遵循上述查新档案管理原则，致力于公安科技查新档案的规范化管理与建设，并不断探索公安科技查新档案的现代化管理模式。

1. 公安科技查新档案的归档范围和内容

公安科技查新机构虽然不是专门的档案管理机构，但很重视公安查新档案管理工作的标准化、规范化。公安科技查新机构建立了严格的查新档案管理体系，设专门的岗位人员负责查新档案的归档、整理，以保证公安科技查新档案的完整性、可藏性、可查性，有助于上级管理部门对公安科技查新机构的监督与管理。在实际工作中，公安科技查新档案主要分为公安科技查新文书档案和公安科技查新项目档案。由于这两种档案的归档范围和内容有所不同，实践中是区别对待的。

（1）公安科技查新文书档案。公安科技查新文书档案包括以下内容：上级管理部门下发给公安查新机构的各种有关查新的办法、规定、规范、细则等，公安科技查新机构制定的各种有关查新的规章制度，公安科技查新机构的年检材料和查新工作总结，查新项目登记簿，查新咨询专家信息，查新人员在工作中所获成果、发表的著作和论文等有关资料，查新机构人员（审核员/查新员）个人档案及参加各类查新业务培训、在职教育、继续教育等有关证明材料。

（2）公安科技查新项目档案。公安科技查新项目档案包括以下内容：公安科技查新委托人填写的科技查新委托书原件，提交给委托人并已加盖好公安科技查新专用印章的查新报告复印件，查新项目的主要科学技术资料，查新咨询专家的书面咨询意见，查新人员的工作记录，查新委托人填写的查新报告反馈表。其中，对于委托人提交的科技查新委托书及相关技术资料，查新人员使用的检索词、策略及数据库，检出相关文献的记录情况及查新报告的副本或复印件按年度编号立卷装订成册，并设专柜存放。

2. 公安科技查新档案的重要性

公安科技查新档案是公安科技查新管理人员在工作中经常使用的最直接、最原始的基础材料，凝聚了公安科技查新人员丰富的技术和经验，既是可供查新员继承和借鉴的知识性材料，也是反映公安科技领域最新研究状况的科技信息资源，还是全面了解公安科技查新发展历程的重要材料。

公安科技查新档案从一个侧面反映了公安科技发展的历史，这些档案不仅包含上级机关的有关政策性文件及与查新工作相关的学习资料，还记载了公安科技查新从形式到内容的发展变化，在对公安科技查新人员业务能力的培养教育方面起着信息支持和保障作用，是查新机构和专业人员成长的真实记录，具有一定的法律效用，是档案凭证价值的集中体现。

3. 公安科技查新档案的管理原则

公安科技查新档案管理，是公安科技查新机构直接对公安查新委托书、查新报告和相关资料进行管理并对外提供科技信息服务的各项业务工作的总称。公安科技查新档案的收集、整理、保管、鉴定、统计和对外服务，对查新单位的工作具有现实和长远的意义。公安科技查新档案管理遵循原始性和完整性原则、保密性和安全性原则、方便利用原则，杜绝资料的损毁和流失。

（1）原始性和完整性原则。公安科技查新档案管理工作要求收集归档的材料是最原始、最真实的材料，不能为了完成档案工作而事后随意“补写档案”。凡是与公安科技查新工作相关的、有保存价值的资料，都要收集齐全、完整。原始性和完整性是保证公安科技查新档案管理的质量并使之发挥作用的前提和基础。

（2）保密性和安全性原则。每个查新项目都是科研人员多年经验的积累和心血的结晶，通常代表了公安科技最前沿的发展动向。做好公安科技查新档案的保密工作，有利于维护查新委托人的合法权益，能使科研人员放心地将与查新相关的资料交给公安科技查新机构，并与查新员进行良好沟通。因此，虽然目前公安科技查新暂不涉及技术侦查等保密项目，但在科技查新档案管理工作中绝不能忽视对每个待查和已查项目的保密性和安全性要求。

公安科技成果是委托人通过研究、开发、试验，对设想加以修改、充实后获得的新技术、新工艺、新产品、新材料等科技成果，属于知识产权的形成阶段，通过鉴定、报奖获得国家或省部级科技管理部门对科研成果创造者的认定。但是，这些新思维和科研成果在没有申请专利、没有形成商业秘密、没有通过发表论著获得著作权法保护以前，其科技创新内容均不受法律保护。因此，公安科技查新机构有义务为查新委托人保守查新内容的秘密，为他们今后获得知识产权创造条件，这也是《科技查新规范》的要求。由此，公安科技查新档案一律不外借。如相关人员需要查阅查新档案资料，须经查新工作负责人批准，办理相关查阅手续后方能查阅，查阅后必须及时归还档案资料。

（3）方便利用原则。妥善保存查新档案是工作的手段，更好地利用查新档案才是根本目的。一方面，查新员可以通过查阅多年的查新项目，构建自身的知识库，加速成长为公安领域的查新专家，为公安领域的科研立项与发展提供进一步的知识服务。另一方面，查新机构可构建查新报告数据库，以利于及时发现重复项目；还可以构建委托人联系方式数据库，实现与委托人的有效沟通。只有更好地利用查新档案，才能充分发挥它的作用，体现出查新档案的价值。因此，是否方便利用和使用好查新档案文献，是衡量公安科技查新档案管理质量和效益的重要标准，也是公安科技查新工作今后努力的方向。

4. 公安科技查新档案的现代化管理模式

公安科技查新档案作为查新机构工作全过程的真实记录，是查新机构重要的信息资源，其管理工作得到上级部门和单位领导的重视，也得到查新人员的认可。当前，公安科技查新机构正在努力探索查新档案管理的规范化和信息化。

（1）建立公安科技查新档案管理制度。为促进科技查新项目档案科学化和规范化管理，以便更好地服务于科技查新工作并提升查新工作质量，按照《科技查新规范》、《科技查新工作实施细则》及公安部档案管理的一系列规定，结合公安科技查新机构工作实际及查新项目档案管理的特殊性，信息所于2010年1月专门制定了《公安科技查新管理工作制度（试行）》，规定了查新项目的登记办法，查新项目档案的收集、整理、立卷、移交、归档、编目、保管、利用和销毁等工作程序。

（2）建立公安科技查新档案自动化管理模式。为做好公安科技查新档案的自动化归档工作，信息所在公安科技查新信息管理平台的基础上，专门开发了一套专用的档案管理系统。该档案系统的特点是上传方便快捷、查询简单多样、文件安全保密。档案管理人员就是该系统的管理员，只有系统管理员有权限上传公安科技查新归档资料。查新员或委托人调阅归档资料需管理员开通权限，且不得下载或拷贝，只能在线查阅。因此，这套档案管理系统在最大限度上保证了公安科技查新项目科研信息的安全性和保密性要求。

（3）进行公安查新档案信息资源的深加工。公安科技查新机构参照全国科技成果档案专业委员会针对各省编制的《科技管理项目档案分类方案》，可对查新项目档案从专业类别、查新目的、项目来源等方面进行统计，统计数据可报送公安系统有关科研管理部门使用。通过信息资源共享，为上级管理部门制订科研发展计划、确定科研重点发展领域以及科研成果的管理提供参考依据。

四、公安科技查新工作管理

随着公安科技查新工作的持续拓展，公安科技查新机构的各种管理制度和运行机制也在不断健全和完善，为今后工作的进一步发展奠定了良好的基础。近年来，公安科技查新机构重点在信息规范化建设、工作质量控制和发展途径三个方面进行研究和探索，取得了较好的效果。

（一）公安科技查新信息管理平台

为了提高公安科技查新工作的管理质量和服务水平，信息所于

2011年组成了专题项目研究组，对公安科技查新相关信息规范化管理进行专题分析和研究，并于次年完成了“公安科技查新信息管理平台”（以下简称平台）的开发和试运行。该平台将公安科技查新的各种工作内容在网络环境下集成一体，可以为查新人员和广大用户提供一个简洁实用、便捷高效的查新工作环境，提高了公安科技查新工作的质量，方便了广大查新用户。

1. 平台的内容和功能

平台的总体设计目标是：结合公安科技查新工作的实际需求，建成基于网络技术的综合性科技查新工作平台，并使其不仅有助于公安科技查新各种工作信息的管理，而且能够形成公安科研信息特色数据库，从而有利于拓展公安科技信息的服务领域和范围，提高公安科技查新工作的服务水平。该平台将数据库与网络紧密结合，发挥信息化管理的强大优势，为公安科技查新工作的自动化管理提供技术保障。因此，该平台设计并实现了下列目标：第一，查新委托人能在线填写查新委托单、上传技术文件、下载查新报告；第二，查新机构的平台管理员能接受委托人网上委托，同时可以分配查新任务；第三，查新人员可以在线填写、修改和审核查新报告内容；第四，查新咨询专家可以通过网络接受查新员咨询，发表咨询意见；第五，平台可以自动生成查新档案数据库，提供项目的浏览、查询、统计、打印等功能；第六，查新委托人能通过网络反馈委托人意见或建议；第七，查新机构能够通过平台在网上发布各种通知或公告；第八，平台能实现查新委托人、查新人员、咨询专家、平台管理员等角色的分级权限管理。此外，在设计平台时着重考虑了以下几方面因素：一是平台安全性。为保守委托人技术信息的秘密，平台设置了不同操作权限。在进入平台时，需通过委托人姓名和密码来进行权限判定，超越权限者无法进入平台。二是平台交互性。当委托人的查新委托表单提交或文件上传成功时，有相关提示信息显示，并且可以进入浏览界面进行查看。同时，委托人可以修改或删除相关内容，发表反馈意见。当表单或文件上传出现故障时，平台也能够显示出错信息。三是平台智能化。从平台规范化管理的角度考虑，文件上传后需要将其文件名称进行规范化修改。这项工作在提交文件的同时，由平台本身来自动完成。委托人在提交查新委托时，平台自动进行项目编号；查新人员接受委托后，能根据委托人的申请单自动生成查新委托书；平台可以对多个字段进行信息检索和统计。

该平台的设计使用了 B/S 结构，平台的用户分为查新委托人、查新人员、查新咨询专家和平台管理员，并分别拥有不同的权限。进入平台时，首先要对登录平台的用户进行身份验证，然后用户才可按不同角色登录平台。其中，查新委托人登录后，可以网上填写查新申请表单、上传参考资料、与查新员交流、下载查新报告、发表委托人意见或建议、反馈相关信息。提交委托表单后，委托人可以查看提交委托的受理情况和网上发布的相关消息、下载查新报告，并且可以随时对自己的个人信息和登录密码进行修改。同时，平台还能显示查新委托的进展情况、委托人的历史记录。查新人员登录后，可以开展接受委托、数据录入、与委托人交流、上传查新报告、处理反馈信息、数据库检索、浏览信息、更改个人信息和密码等事项。平台管理员登录后，可对全部委托人的相关信息进行增、删、改操作，可以分配查新任务、调控工作流程、维护数据库、整理归档数据、处理委托人意见或建议、发布相关信息、对所有消息进行动态管理等。查新咨询专家登录后，可以看到查新人员请求咨询的项目内容、发表咨询意见、审查查新报告结论等。

该平台还设计了科技查新项目、委托人信息、查新人员信息、查新报告全文等表单结构，实现了公安科技查新业务的自动化申请、工作进度控制、查新相关文件和查新报告的网络传递等功能。

2. 平台的工作流程

该平台以查新项目为主线进行设计，将公安科技信息服务贯穿于公安科技查新工作的各个环节，涉及查新委托、文献检索、查新报告编写和查新文件归档全过程（见图4）。平台的界面包括首页信息、查新须知、查新委托、用户注册、后台界面和意见反馈（见图5）。

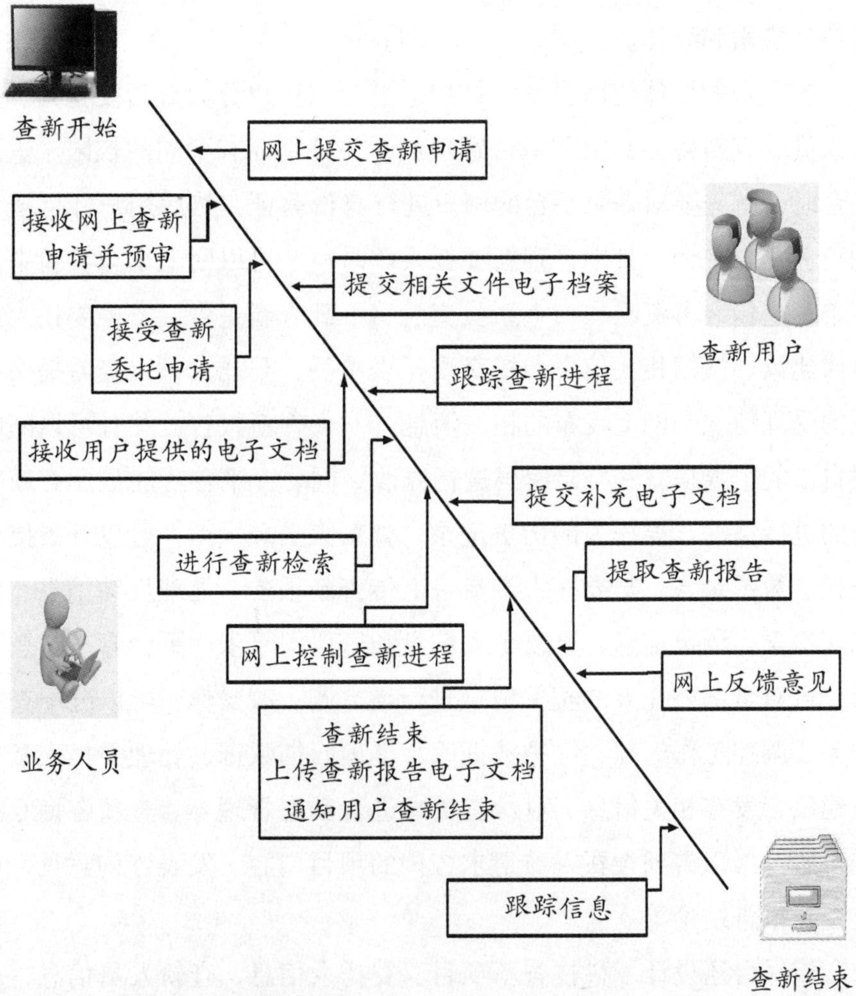

图4 公安科技查新信息管理平台工作流程示意图

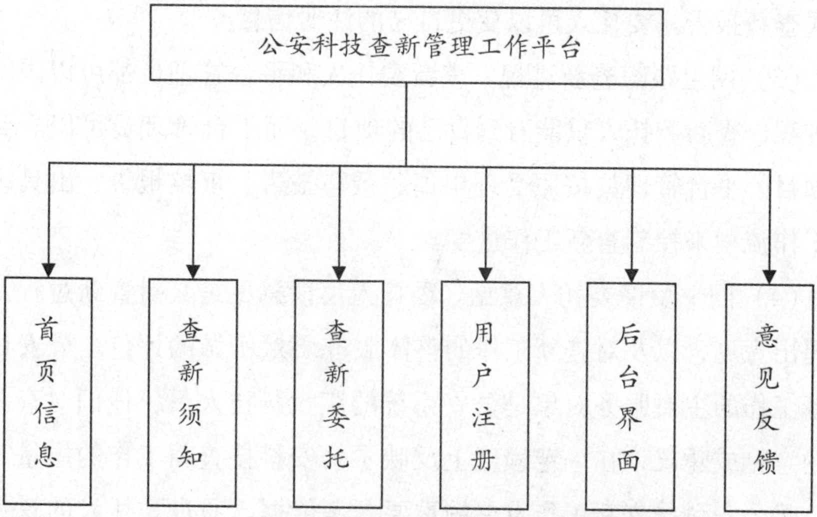

图 5　公安科技查新管理工作平台结构图

（1）委托人注册。初次使用该平台的委托人首先需要注册。注册后，委托人使用登录名就可以进入该平台。使用时，委托人一定要认真填写要求输入的内容，其中标有“＊”的内容必须如实填写，如姓名、地址、电话、电子邮件等，因为这些内容将直接被查新委托书所引用并作为以后为委托人提供信息服务的依据。

（2）网上提交申请。查新委托人可以使用平台中的业务提示、查新申请、修改申请、信息反馈、记录浏览、项目统计、修改委托人信息等功能。其中，业务提示能够帮助委托人了解查新项目的进展情况。查新申请是委托人需要输入的主要内容，包括项目名称、专业分类、查新范围、查新目的、检索关键词和委托要求等信息。在委托书提交之前，查新申请可以反复修改。借助于信息反馈功能模块，委托人能够与查新员充分交流，也能够向查新机构提出意见或建议。由于委托人的查新信息被记录到数据库中，因此委托人能够浏览、统计自己的使用情况，在线初步审阅查新结论，上传与查新项目相关的文献资料，下载查新报告。若对查新结论无疑义，还可以告知查新员打印正式查新报告。委托人可以变更自己的注册信息。

(3) 网上跟踪查新进程。查新委托人和平台管理员都可以跟踪查新进程，查新委托人只能看到自己的项目，而平台管理员可以看到全部项目。平台管理员按照受理申请、撰写报告、审核报告、出具报告的工作流程来控制查新工作进度。

(4) 网上反馈委托人意见。委托人反馈意见是其对查新过程及结果提出意见，以及对查新工作的整体服务质量所做的评价。公安科技查新工作的主要服务对象是公安系统的广大科技人员，他们对查新结论的意见或建议，在一定程度上反映了公安科技查新工作的质量和水平，是公安科技查新工作发展的重要参考依据。通过委托人的意见反馈，查新人员能够及时发现查新工作中存在的问题，从而有利于及时改进查新工作，提高公安科技查新工作的服务质量。此外，平台还设置了公告管理功能，用于发布公安科技查新机构的各种通知和公告信息。

(二) 公安科技查新工作质量控制

影响公安科技查新工作质量的因素有很多，主要包括文献检索、查新报告的撰写等，因此需要构建一套完整的质量控制体系对查新工作进行规范化管理。其中，查新报告是公安科技查新工作的最终表现形式，其质量高低对查新工作的影响最大，需要以质量评价方法的形式对其进行衡量，以便更好地全面控制公安科技查新工作的质量。

1. 公安科技查新工作的质量控制体系

公安科技查新工作的质量控制体系包括文献检索质量控制和查新报告质量控制两大类，具体又包含检索资源、检索手段、对比分析、结论撰写等多个方面。这些方面涉及公安科技查新工作的整体流程。按照《科技查新规范》对查新工作质量的要求，并结合公安科技查新工作实际，公安科技查新工作质量可以通过“公安科技查新质量评价指标体系”进行系统化分析（见图6）。

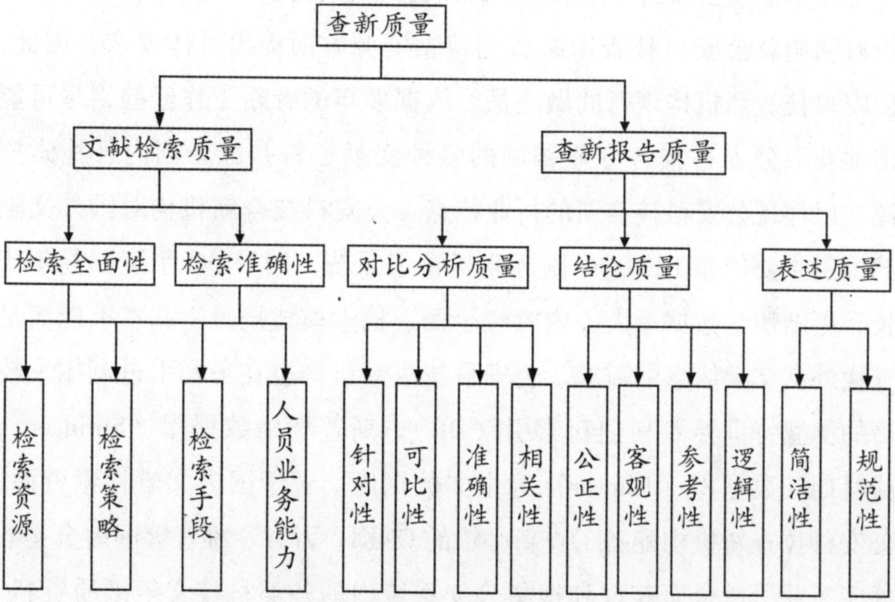

图6　公安科技查新质量评价指标体系结构图

（1）公安科技文献检索的质量控制。公安科技文献的检索质量取决于检索的全面性和准确性，主要体现在以下四个方面：检索资源的配置、人员业务能力、检索策略的制订和检索手段。文献检索质量如何，直接关系到查新报告结论的准确性、客观性和公正性。因此，控制文献检索质量是提高查新报告质量的关键因素之一。

第一，公安科技检索资源的配置。公安科技查新工作的首要步骤是从国内外公开出版物以及公安内部出版的文献资料中查找与查新项目的科学技术内容相关的信息。为了保证对相关领域的检索达到全面性、系统性和连续性，查新员应拥有较高的文献资料获取能力及较强的国际、国内联机检索能力。

一个全面、丰富的检索资源是开展科技查新工作的物质基础，也是查全、查准的基本保证，通常包括电子化的数据库和纸本式的文献资料。由于公安专业技术领域涉及面广，公安科技检索资源中尚未有一个能够涵盖公安各专业技术领域的综合性数据库，上级管理部门也没有明确就公安科技查新必备的检索资源方面提出具体要求，因此，公安科技查新机构现行的做法是，依据多年的查新工作经验，尽可能多地获取公安科技各专业领域的各种文献资料并配备国内外检索资源，以体现公安科技查新的行业特点。公安科技查新机构对国外文献的检索主要依靠 DIALOG 国际联机检索系统。DIALOG 系统回溯年代长、更新快、数据量大、内容较全面、检索模式规范，基本上能满足查找外文文献信息的需求。公安科技查新机构也在考虑引进利用率较高的德温特世界专利创新索引（DII）、斯普林格数据库（Springer）、威科期刊数据库（Kluwer）等全文数据库。对于国内文献检索资源，公安科技查新机构配备了查新必检的 CNKI、万方、维普等国内全文数据库，并尽量全面获取和搜集公安系统内的各类科技文献纸质资料。从委托人的要求看，目前国内查新占 80% 左右，这说明国内检索资源利用率最高，要求配置尽可能全面。下一步，公安科技查新机构仍将不断增加公安科技查新所需的电子信息资源和印刷型文献，建设具有公安特色的综合性数据库，提高查新文献资源的保障率和查全率，避免漏检。

第二，公安科技查新人员的业务能力。在文献检索阶段，主要考察查新人员对项目内容的理解程度和对命中文献的阅读深度、审核员的参与程度，具体体现在以下几个方面：一是提高沟通效率，特别是当面交流时的沟通效率。首先，查新员应告知委托人，将会为其提供的各种技术资料进行保密。在建立起彼此信任、平等融洽的关系后，委托人就会乐意将查新项目的关键技术研究资料、背景知识材料等提交给查新员，以帮助查新员尽快熟悉查新项目的技术要点和创新点。

其次，查新员要仔细、耐心地聆听委托人对项目内容的介绍，并不断将自己捕捉到的关键之处和难点反馈给委托人，以确保对项目理解的一致性。查新员和委托人的沟通交流不仅仅是在接受项目时，而且必须贯穿于整个查新过程的始终。例如，查新员可先期阅读一些与项目相关的综述性文献以及查新项目组有关人员撰写的相关论文。这样可帮助查新员进一步理解项目的内容和技术要点。如果双方就项目的理解存在较大差异，查新员可进一步与相关领域的专家进行沟通，以便掌握项目的技术特点，了解背景知识。但选择相关专家时，应采取回避原则，即避免咨询与该项目有关的专家。查新检索后，应将先期检索结果交给委托人。委托人一般会根据检索结果提一些参考意见。双方就客观事实达成一致后，查新员便可以及时修改或完善检索策略，让检索的结果更加准确、可靠。二是落实相关公安科技文献的分析和筛选。查新员要分析判断检索出的文献是否与查新项目相关，区分密切相关文献、一般相关文献（可比文献）与不相关文献。不少目前使用的数据库都是只带有题录、文摘的二次文献型数据库，在完成对它们的检索后，不能仅凭题录和文摘就作出判断，有时必须深入到全文中（如专利、学位论文）获取更具体的内容与数据，还需要对有关技术性能、应用范围进行对比分析，尤其是一些技术性强的科研成果，以避免只阅读摘要的局限性。三是加强公安科技查新的审核力度。查新的特点之一就是集中性，往往短时间内会有大量的查新委托。目前，公安科技查新机构的审核员相对查新人员来说较少，没有兼职审核员。而在查新高峰期，审核员要同时承担大量的审核和查新工作，有时只限于对文字和格式的审核。但《科技查新规范》中明确规定了审核员的职责是把好查新检索过程、查新报告的质量关。由于审核员是查新质量的最终认定人员，因此应该比查新员更了解该查新项目。一个合格的审核员，应该从委托人提交查新委托书开始，就和查新员共同吃透项目所涉及的技术要点和查新点，审查查新员制订的检索策略是否合理，是否有可能出现误检、漏检的情况。必要时，还要和查新员一起制订检索式。

第三，公安科技查新检索策略的制订。按照《科技查新规范》的要求，查新检索的首要原则是查全，不能漏检重要数据库及文献；其次要求查准，检出的文献应尽量包含查新点的主要概念。由此可以说，检索词的选择与检索式的编制十分重要，其正确与否将直接影响检索效果。如遇到检索结果为零的情况，则很大程度上是由于选词不当或检索策略不完善造成的。因为从科技发展的继承性来看，任何一项科技活动都是在前人研究的基础上发展的，完全没人从事过的研究是非常少的；反之，由于选词不当或检索式组配不合适，还可能检出大量与查新内容相关性较弱甚至是毫不相关的文献。

检索词不应受委托人的局限或误导，对于不清楚的有关专业知识，查新员一定要向委托人和有关专家咨询，吃透查新项目所涉及的专业知识，不能被表面的名词所迷惑。例如，有关“便携式移动存储介质”的查新项目，通过与委托人交流才明确该存储介质实际上就是移动硬盘或优盘。

检索词的选取应注意：一是所选检索词是否覆盖了查新点，应注意检索词的内涵与外延；二是所选检索词应尽可能考虑到各种可能的表达方法，即同义词、全称与缩写；三是在选择同义词的基础上应注重专业词的选择，或专业性很强的术语、专用名词、甚至代码之类的唯一性的检索词，如“警棍”、“警服”等；四是进行国内查新时，针对某些特殊的查新项目，应考虑英文检索词的缩写。例如，关于高效液相色谱技术的查新，应考虑其外文拼写“HPLC”，否则会漏检大量相关文献。此外，根据各种数据库的系统检索特点，要灵活运用其所具有的检索功能，编制相应的检索式。尽可能考虑多种组配交互进行，以正确反映项目的技术要点和查新点，合理使用位置符、逻辑符等。

第四，对手工检索手段的重视程度。公安科技查新本身存在涉及学科领域广、部分研究内容敏感等特点，很多警用装备器材不会在互联网上出现。因此，手工检索手段更值得关注，尤其需要查新人员做到以下几个方面：一是不漏检早期文献。一些早期使用过的技术因种种原因没有继续使用，就可能出现近期文献没有报道而早期文献有报道的情况。电子技术类文献，尤其是中文文献回溯期比较短，机检时检索不到相关文献，导致老技术误被当作新技术。二是注意搜集纸质资料。一些汇编材料、警用装备宣传单等，一般不收录到电子文献数据库中，但在查新过程中却不能遗漏。三是中文电子期刊更新速度慢，比印刷本滞后，需手检补充现刊资料。四是许多产品类项目查新，靠现有数据库往往不能得到理想的检索结果，需手检相关专业产品手册加以补充。

（2）公安科技查新报告的质量控制。公安科技查新报告是整个查新工作的重中之重，其质量关系到公安科技查新工作的整体质量。因此，需要对公安科技查新报告的质量控制进行认真的讨论和研究。公安科技查新报告的质量控制一般包含三个方面：分析对比的质量控制、结论的质量控制及文字表述的质量控制。

第一，分析对比的质量控制。分析是公安科技查新人员对查新工作需要做什么和如何做的过程。其中，对比是分析、下结论的基础。通过文献检索，查新员找出与查新内容直接相关的文献进行对比分析，从而撰写结论。分析对比的方法会直接影响结论的客观与公正。衡量分析对比的质量水平需要考察以下几个方面：

一是针对性。公安科技查新的最终结果是要回答查新项目的核心内容是否具有新颖性。对比分析，是指针对查新点进行纵向或横向、定量或定性分析，必要时逐一进行列表对比，使人一目了然。针对性，即紧紧扣住查新点进行分析比较，对项目的新颖点进行有所侧重的阐述。例如，“三种常见毒物标准物质研究”，对比分析应当定位在毒物的标准物质方面的文献。

二是可比性。可比性，是指对比公安科技文献的同质性，即相比较的事物处于同一层次水平，具有相同的内涵和外延。例如，“人血液和组织中海洛因、吗啡鉴别研究”对比分析仅限于人血液和组织检材。对比分析既要有针对性，又要有可比性。

三是准确性。准确性，是指对比分析所用资料来源引用准确，引用资料的数据准确。引用应完整、准确地显示被引文献的相关信息(作者、题目、书刊名、出版地、出版时间、卷期、页码等)。查新员一定要准确把握可与查新点比较、分析的引用文献，判定应当以必要、适当为限，不得改变或者歪曲被引内容的原貌、原文，做到不伪引、不滥引。引用网络资源必须注意其“动态性”（出处包括网址和发布、更新或获取时间)。在产品查新需引用网络上的数据作为佐证时，要善于甄别信息的真假。许多厂家出于商业目的或受利润驱使可能发布虚假信息，亦有部分公司的产品介绍是针对其代理销售的商品，并非由其研制生产。例如，有些企业给自己的产品编上国家上级监管部门的准字号以及中国专利号等。这就需要到相关网站和数据库核实。从网页的发布者、发布机构或公司名称，可断定其背景、立场和可信度。一般来说，所获取信息的更新时间离查询时间越近，就越具有使用价值。

四是相关性。即找出与查新内容相关的文献进行分析，并根据检出来的相关文献与查新项目新颖点符合程度进行分门别类的排列。检出来的相关文献一般分为两级：一般相关文献和密切相关文献。在分析的基础上，对与查新点相关的内容、技术指标等进行综合对比，明确它们的不同点。如果某篇文献与委托查新项目研究的方向完全相符，但与委托查新项目的部分查新点相符，或与委托查新项目的工艺方面部分相符，或与委托查新项目的技术路线部分相符，即可判定为密切相关文献，可认为该委托查新项目部分无新颖性；如果某篇文献与委托查新项目研究方向符合，但与委托查新项目的部分查新点不符，或与委托查新项目的工艺方向不符，或与委托查新项目的技术路线不符，或与委托查新项目在性能方面不符，或与委托查新项目的指标方面不符，或与委托查新项目在材料方面不符等，即可判定为一般相关文献，可认为该委托查新项目大部分有新颖性。

第二，结论的质量控制。公安科技查新结论是公安科技查新报告的重点，也是广大公安科技查新委托人主要关注的部分。一般来说，公安科技查新结论的质量可以从以下三个方面来评估：一是查新报告是否具有客观性、公正性。客观性、公正性是查新报告的生命。公安科技查新结论内容应反映查新项目与相关文献对比的结果，最能体现查新工作的质量，对被评价的项目起着决定性的作用。查新报告是否具有客观、公正的结论是评价查新报告最重要的两个指标。报告中的每一个结论，都要以文献为事实依据，不能含糊其辞、夹杂个人偏见。所谓客观，是指报告结论是按照文献关于事物的本来面目显现的，没有任何个人的主观臆断和偏见；公正，是指报告结论应当不含有任何个人的偏私。二是是否对公安科技服务对象具有决策参考性。公安科技查新工作不仅服务于公安系统所属的技术部门、科研单位、大专院校等系统内单位，还服务于社会公共安全行业企业、社会其他单位等，其服务对象对查新结论参考性的反馈意见，在一定程度上反映了公安科技查新报告的质量。三是逻辑性结论是否具有可信性。查新结论要有逻辑条理性，不应结构混乱、表达不清，应包含论点、论据、论证三个要素，要体现三者之间的内在联系。论据是论点的依据，主要来源于检出的文献，要确凿可靠，具有真实性；论点，是指所查项目的新颖点，无论是否定还是肯定，都应突出、准确，不能重点不分、论点不明、分散片面；论证是将论点和论据联系起来的桥梁。结论中的新颖点明确，论据充分有力，结论的说服力就能大增，令人信服。

第三，文字表述的质量控制。查新结论是公安科技查新人员依据项目的查新要求，将检索结果与查新点逐条进行对比分析，针对查新点所做的新颖性评判。查新结论是查新报告的核心内容，也是查新报告中最容易引起争议的部分。通常在科技成果鉴定或项目验收查新中，委托人希望结论中出现“国内首创”、“国际领先”、“具有推广应用价值”等评价性文字；而在科研立项和新产品开发论证查新中，委托人则希望查到更多的密切相关文献，避免盲目投资造成损失；但是，科研管理部门和项目评审专家又对查新结论中过多的“未见报道”多有质疑。而查新工作的实质是就项目的主要研究内容或技术路线与公开发表文献做对比分析，对其新颖性作出评判，并不对项目的“先进性、创造性、科学性、可行性”等进行评价。有些查新项目的研究内容在领域内并不领先，但可以在某一点（如提出的技术/方法）上具有新颖性。查新结论中，常见的错误表达形式主要有以下几种：一是引用倾向性、评价性文字。在查新结论中，比较容易出现主观性文字的地方就是在对相关研究现状或背景的概述中。一般而言，相关现状或背景概述只客观叙述或引用与项目主要研究内容、技术要点相关的资料，避免使用主观评价性语言。二是结论简单化、针对性不强。结论简单化主要表现在脱离“查新点”这条主线，脱离对比分析，笼统地下结论，特别常见于“未见与本项目相同的研究报道”这类结论。“未见”要求在对比分析的基础上，突出项目的新颖性。三是结论模糊化，缺乏针对性。查新结论应该层次分明，语言表达准确清晰，不得用含混不清的表达。查新员还应特别注意其完整性、逻辑性、科学性和客观性。

总之，查新报告的质量是提升公安科技查新工作水平的重要标志，在做好“有依据”、“有对比”的基础上，如何真正实现“有分析”、“有结论”，需全体公安科技查新人员共同努力，从理论和实践两个方面对查新工作开展深入细致的研究。

2. 公安科技查新报告的质量评价内容

公安科技查新是一项认真严肃的科技信息咨询服务业务。结合《科技查新规范》和公安科技特点，为保证公安科技查新报告的准确、客观与公正，需要有一套系统、完整的公安科技查新报告质量评价标准对其进行规范化管理。因此，公安科技查新报告的质量评价应符合以下要求：

（1）标准的文献著录格式。查新报告通常使用 GB 3793-83 检索期刊条目著录规则对相关文献进行著录。

（2）规范的撰写要点。查新报告通常应规范各类查新结论的撰写要点。

（3）严谨的报告审核流程。查新报告通常应明确对查新报告审核的要求、责任、权利、义务。查新报告的审核一般有形式审核（含著录格式审核）、检索效果审核、技术审核及撰写质量审核等内容。

（4）合理的查新报告表述。查新报告应条理清晰，文字通顺，用词准确、简明，无错别字。

（5）严格的回避制度。无论哪一级授权机构都不应该批准查新机构查本单位的项目。凡以前已经授权者，应加以调整压缩和重新审查资格。凡属本单位查本单位查新项目的，应宣布无效。

（6）完善的反馈制度。查新机构应采用查新用户信息反馈表来提高服务质量，定期查看查新信息反馈表，以了解查新人员和查新机构的查新质量、查新效益，并作为评价查新质量的指标之一。

(7) 客观的结论。查新结论必须指出特定研究领域；全面总结该研究项目新颖性及其有关研究内容；落脚点在有无“公开”报道上，结论必须科学。在查新结论中，查新点描述不允许有任何概念性错误。

(8) 专业化的术语。在整个查新报告中，对检索结果的文献引述或概括性介绍要专业。专业术语需准确无误，不能有外行话，更不能出现错误。

(9) 准确的数据库。按规定的原则选择关键词、检索式及数据库。重在看检索结果，必须非零，既不能过窄也不能过泛。基本数据库：包括全部核心期刊的专业数据库，文献覆盖率在70%以上；辅助库为专业性较强的特有数据库，文献覆盖率在20%以上。

(10) 科学的检索方式。机检包括联机、光盘、网上查询等，可选择合适的方式。手检主要是对所藏会议文献、科技报告、展会资料、内部刊物等特种文献进行手工检索。通常是在机检难以获得满意效果时，以手检作为辅助手段。手检是任何时候都必不可少的辅助信息采集方式。在难以确定有无漏检密切相关文献时，应向查新咨询专家咨询。

(11) 合格的信息质量。为保证文献信息的质量，相关文献应尽可能全，相关文献内容与委托项目技术内容应尽可能贴切，最密切的相关文献不能少，冗余文献一个都不能要。总之，检索后要通过手检扩增新信息，通过初步相关比较淘汰无关、重复文献，保持一个高质量的反映同类研究全貌的信息客体。

(12) 简明的文献类比。首先要进行信息优化处理。信息优化处理的通常原则是：如果密切相关文献较多（单项，超过10篇以上），那么一般相关文献应删掉2/3（保留1/3）；如果密切相关文献较少

（单项，5篇以下），那么一般相关文献应删掉1/3（保留2/3）；如果无密切相关文献，那么一般相关文献应全部保留。要本着国内严、国外松的原则进行。其次，所有文献都应划分为密切相关文献与一般相关文献，而且突出密切相关文献（在检索结果中，一律按先“密切”后“一般”的顺序排列）。

（13）正确的文献引述。多对密切相关文献的文摘进行引述，对一般相关文献通常只作简单引述。可采取单篇内容提示，如摘录题目、作者，或作一句话内容的指示性说明或多篇同类内容文献的概括性说明。

（14）合理的背景说明。从已检索的文献出发，分别从国内外角度说明同一研究领域的研究热点、解决情况及发展趋势。

（15）客观的技术水平分析。分别从国内外角度指出尚未解决的关键技术。

（16）明确的新颖点。与现有技术对比，具体指出目前尚未解决而本项目已解决的技术要点。具体要求：数量不宜多，单项研究1~2个，综合研究适当增加。分清主次，叙述顺序先主后次。每个新颖点必须具体、鲜明，不得含糊其辞。

（三）公安科技查新工作分析研究

经过二十多年的发展，公安科技查新工作一直在稳步前进，但与国内其他行业的查新工作相比，发展速度还不够快。目前，无论是从工作制度、人员结构，还是从查新数量、满足实际需求等各方面来看，公安科技查新工作都面临着许多新问题和新挑战。

1. 存在的问题

通过与国内同行的调研交流并结合日常工作实际，现将目前公安科技查新工作中存在的问题主要归纳如下：

（1）查新工作需要更多关注。公安科技查新工作自开展以来，经历了初创、发展、基本稳定、调整、再发展等不同的阶段，总体上稳步发展，但与国内多数行业性查新咨询机构相比，其规模和影响都要小得多，查新范围和数量也有限，整体发展较为缓慢。要改变这一现状，不仅需要查新机构自身的不断努力，还需要相关方面尤其是上级管理部门进一步的关心和支持。

（2）制度机制需要进一步完善。近年来，根据国家有关政策和规定，公安科技查新机构结合自身的工作实践，制定了《公安科技查新工作管理制度（试行）》，并得到上级单位的批准执行。同时，根据查新工作实际需要，还组建了一定规模的技术专家咨询队伍，对规范公安科技查新工作、提高查新工作质量起到了很好的推动作用。但从整体上来说，公安科技查新工作尚未建立一套完整且行之有效的管理体制和运行机制，在诸如专家咨询工作制度化、用户意见反馈机制、人员工作效能评价、鼓励拓展查新业务等方面，都缺少有效的管理机制和措施。

（3）查新机构和委托人的沟通效率仍需提高。目前，公安科技查新机构受理的查新项目类型主要集中在鉴定、验收、报奖方面，这种情况与实际工作中统计得到的查新时间分布数据相吻合。一般情况下，在每年的11月份左右，科研结题验收较为密集，而此时的立项查新和中期评估查新则较少。这反映出广大公安科研人员对科技查新作用的理解还有一定的局限性，认为科技查新只是一种政策层面的要求，忽视了科技查新可以有效减少科研重复建设、提高科研水平的意义。通常只是到了临近结题验收阶段，才匆忙进行项目查新，如此既可能影响项目的按时结题验收，又可能影响查新报告的质量。还有的单位很重视查新工作，但不了解科技查新工作流程，对查新点、关键词的概念理解不清晰，查新员也受专业所限，只能反复修改用户提交的资料，造成查新周期长、项目排队的结果，影响了整个查新工作的效率。

（4）行业特点造成的其他问题。公安科技查新工作的特点，如保密性、学科广而散等，致使公安科技查新工作与其他行业的查新工作有较大的不同。实际上，公安科技文献中许多内容不宜公开，而且能够得到的内容也多为信息概况介绍、新闻报道等粗略性信息，而涉及的技术核心内容少之又少，很容易造成查新工作中的信息源较少、学术性不高、技术内容介绍不全等问题，影响信息检索工作质量。另外，目前还缺少引领公安科技查新业务发展的综合性公安科技文献数据库，也缺少针对这些特殊问题而开展的相关研究工作。

2. 解决问题的对策

公安科技查新作为公安科技管理和技术研发的一项基础性工作，应当受到重视，必须有所发展。针对目前存在的一些问题，现提出以下对策：

（1）强化信息意识，提高宣传力度。首先要加强公安系统内的宣传工作，讲明公安科技查新工作的重要性、业务范围、工作发展规划、所能带来的社会和经济效益等，从而尽量争取上级管理部门对该项工作进一步的重视和实际性政策方面的支持。其次要通过举办培训班、宣讲会等形式，让公安科研人员真正认识到，查新不仅可以获取相关领域的科技信息，还可以帮助科技人员了解国内外相关领域的研究现状及发展趋势，了解和借鉴前人的研究经验，提高立项针对性，避免重复立项、浪费时间和经费。

（2）规范管理机制，提升服务水平。应加快建立全面、长效的配套管理机制，对查新人员及业务进行规范化管理，以确保公安科技查新工作的长远发展。首先，在业务方面，应该出台有关查新质量审核和评价的管理办法，探索专家团队和网络平台相结合的方式，加强对公安科技查新工作质量的监督与控制。利用现有网络平台多渠道、多形式征求用户意见，不断完善改进工作，建立切实可行的查新报告质量管理体系。其次，由于公安科技涉及学科领域较为广泛，需要专职查新人员积极拓展学科视野并在工作中积累经验，因此应在业务培训、资格认证方面，加强规范化管理。再次，应建立多领域、多专业的技术专家队伍，及时为公安科技查新机构提供专业技术方面的支持。最后，还应探索建立内部工作奖惩机制，激励查新人员不断提高自身业务素质，做好现有的查新工作，开拓新的查新领域，进一步提高公安科技查新工作质量。

(3) 扩展查新检索文献源。查新工作本身就是一项涉及多学科、多领域的技术工作，而丰富的科技文献是做好查新工作的基础。目前，公安科技查新工作的检索文献源主要为信息所收藏的各种书籍期刊以及网络文献信息库。但是，随着公安科技的持续快速发展，学科交叉、重叠现象将不断涌现，以法庭科学、计算机技术为代表的高新技术在公安系统的广泛应用也将成为必然趋势。因此，对于公安科技查新工作来讲，拓展检索文献源是今后更好更快发展的基础。在这方面，当前亟须着手做的工作是，进一步拓展所使用的 DIALOG、PUBMED 等联机检索系统，有针对性地添置一些回溯年代较长、数据更新快、学科面广、内容多涉及公安科技的生物学、计算机科学、材料科学等方面的文献资料和信息数据库。另外，随着社会公共安全行业的快速发展，更多的企事业单位参与到警用装备器材和安全产品的研究开发中来，而且许多企业都采取多措施积极推介其产品情况，如在互联网上做产品信息介绍、参加各种专业展会和交流会等。对此，公安科技查新机构有必要加强对此类产品技术信息的关注，并采取一定的措施收集汇总相关的技术材料和文献资料。

第三部分　公安科技查新典型实例及分析

到目前为止，公安科技查新工作涉及了法庭科学、消防工程与技术、计算机信息安全技术、道路交通管理技术、警用装备器材、安全防范技术、警用信息通信技术等当今公安科技的主要技术领域，形成了千余份公安科技查新报告。本部分按照这七个技术领域的技术内容，依照上述先后顺序在对相关查新报告进行分类和归纳的基础上，逐类对相关项目的查新特点和检索资源情况进行综合性介绍。同时，从这千余份公安科技查新报告中，精选出 27 个典型实例作为样板列出。由于这些查新实例完成时间跨度较大，为了提高其实际参考价值，对部分实例的内容做了适当调整和完善。这些实例包括：法庭科学查新典型实例 6 个、消防工程与技术查新典型实例 5 个、计算机信息安全技术查新典型实例 2 个、道路交通管理技术查新典型实例 2 个、警用装备器材查新典型实例 5 个、安全防范技术查新典型实例 3 个、警用信息通信技术查新典型实例 4 个。这些实例按具体应用领域不同，又进行了进一步细分，以期公安科技查新人员今后办理类似查新项目时能够借鉴，同时也可作为有关单位在申请同类公安科技查新项目时的参考式样。

一、法庭科学查新典型实例及分析

法庭科学亦称作刑事技术，通常是指公安机关依据刑事诉讼法律，运用多门类相关自然科学技术的理论与成果，发现、记录、提取、检验及鉴定与犯罪事件有关联的物证，为侦查和审判工作提供线索及证据的专门技术手段。法庭科学发展至今已成为拥有10多个专业学术门类的较为完整的学科体系，其科学理论较强、科学技术水平较高，始终与现代科学技术同步。因此，法庭科学在公安科技中一直处于非常重要的地位，科研课题较多，查新项目数也大于其他专业，约占公安科技查新项目总数的30%以上，主要涉及法医学、指纹检验、微量物证分析、枪弹检验、可疑文件检验、声纹鉴定、痕迹检验、法庭照相学、计算机犯罪鉴定、犯罪现场重现、犯罪心理测试等专业内容。由于法庭科学技术领域涉及面十分广，在选取查新项目典型实例时，依次按照毒化分析、文件检验、痕迹检验、微量物证分析、法医学、警犬驯养等进行了细分，以方便读者阅读。

（一）法庭科学项目查新特点

通过查阅和分析1995~2014年之间的法庭科学查新报告，发现这类查新项目在所有公安科技查新项目中所占比例最大，接近400份。这些项目的查新特点可归纳为以下几点：一是专业主要涉及医学、化学、生物学等相关领域，查新员需要具备这些专业的基础知识才能做好法庭科学的查新课题。二是法庭科学发展早，比较成熟，很多课题查到大量相关文献，有的数十篇甚至上百篇，这种情况下，应以查准为主、查全为辅。三是法庭科学文献通常和犯罪案例紧密相关，许多分析方法等研究成果都通过实际案例加以验证，易于理解和分析对比。四是此类查新项目涉及范围广、文献更新快，必须注重平时收录积累并及时更新大量法庭科学类文献资源，以保障查新报告的全面准确性。五是法庭科学领域有很多化学、医学课题，通常会遇到很多化学物质名称，一种物质又会有多个中英文名称，并涉及名称缩写及行业内认可的俗语，如1,4-丁二醇与BDO、1,4-BD是同一物品。因此，查新人员在选择检索词时要考虑周全，以免造成相关文献的漏检。

（二）法庭科学项目查新检索资源

根据法庭科学研究项目涉及范围广的特点，公安科技查新机构常用的法庭科学数据库与期刊包括：中国科技成果数据库、中国化工文摘数据库、生物科学数据库（Biosis Previews）、美国医学索引数据库（MEDLINE）、《刑事技术》、《中国法医学》、《法医学》、《法学家》、《法医学杂志》（Journal of Forensic Sciences）等期刊的机检电子文献库；同时还购买了公安内部期刊、会议论文集、《公安科技成果公报》等作为手检资料，如《全国毒品检验技术交流会论文集》、《全国物证鉴定技术破案研讨会论文选》，以保证法庭科学查新项目的查全率和查准率。法庭科学类查新项目依托的文献检索资源包含机检电子文献资源和手检资源，如下所示：

1. 机检电子文献资源库

（1）中文数据库：

序号	数据库名称	收录时间范围
1	中国学术会议论文数据库	1986—
2	中文科技期刊数据库	1989—
3	中国学位论文数据库	1989—
4	中国科技成果数据库	1983—
5	中国专利数据库	1985—
6	中国化工文摘数据库	1985—
7	中国农业科学院科技文献信息平台中国农业科技文献数据库	1988—
8	中国人口科学文献库	1984—

(2) 外文数据库(DIALOG 国际联机检索系统):

序号	数据库名称	收录时间范围
1	INSPEC(英国科学文摘)	1898—
2	Biosis Previews(生物学文摘)	1926—
3	NTIS(美国政府报告文摘数据库)	1964—
4	Ei Compendex ®(美国工程索引)	1884—
5	Sci Search(科学引文索引联机版数据库)	1990—
6	EMBASE(荷兰医学文摘)	1993—
7	General Sci Abs(通用科学文摘)	1984—
8	MEDLINE(美国医学索引)	1950—
9	Tox File(毒物学文摘)	1965—
10	Analytical Abstracts(分析文摘数据库)	1980—
11	Derwent WPI(德温特世界专利索引)	1963—
12	CA SEARCH(美国化学文摘)	1967—

2. 手检文献资料

序号	资料名称	收录时间范围
1	《公安科技成果公报》	1990—
2	《全国物证鉴定技术破案研讨会论文选》	1999—
3	《全国微量物证检验技术交流会论文选》	1990—
4	《全国毒品检验技术交流会论文集》	1992—
5	《全国毒物分析学术交流会论文选》	1992—
6	《GC/MSMS/MS 在药、毒物及其代谢物分析中的应用论文集》	1990—
7	《全国指纹学学术交流会论文选》	1990—
8	中国国际警用装备器材博览会产品资料	2002—

（三）法庭科学项目查新典型实例

1. 毒化分析项目查新实例

项目名称	生物样品中海洛因稳定性的研究
科学技术要点	该项目通过检测不同保存温度下海洛因的代谢物在尿液、血液中的浓度随保存时间的长短而发生变化的情况，找到海洛因涉毒的生物样品检测的最佳时间、最佳保存方式和样品浓度随保存时间变化的曲线，为提高检测结果的准确性找到科学的依据。
查新点	1. 利用SPE-LC/MS/MS法同时提取、检测血液和尿液中葡萄糖醛酸吗啡、6-单乙酰吗啡和吗啡。 2. 研究海洛因中毒动物血液和吸食海洛因者尿液中葡萄糖醛酸吗啡、6-单乙酰吗啡和吗啡存放于不同温度下浓度随时间变化的情况。
关键词	海洛因、代谢物、吗啡、稳定性、色谱、质谱、血液、尿液、LC/MS/MS、heroin、heroine、morphine、stability、blood、urine、urinary、serum

续表

检索式	1. 主题=（海洛因 * 代谢物+吗啡）*（色谱 * 质谱+LC * MS+稳定性）*（血+尿） 2.（morphin+heroin?）/ti，ab *（LC（1w）MS+stabili?）/ti，ab *（blood+serum+urin?）/ti，ab
查新结论	本次检索，利用上述检索词和检索式，检索了上述国内外数据库和中文检索工具书，查到相关文献 12 篇，包括国内文献 7 篇、国外文献 5 篇。 第 1 篇相关文献为本查新项目委托人发表的文章，介绍了尿液中吗啡类药物的 SPE-LC-MS/MS 定性定量分析方法（《中国法医学杂志》2009 年第 4 期）；其余国内相关文献分别研究了采用 SPE-LC-MS/MS 技术测定血、尿等生物检材中海洛因及其代谢物的方法，涉及葡萄糖醛酸吗啡、6-单乙酰吗啡、吗啡等物质。 国外相关文献研究了采用 SPE-LC-MS/MS 技术测定血、尿、脑组织等生物检材中海洛因及其代谢物的方法，其中相关文献 8、9 和 12 均涉及海洛因及其代谢物在不同生物样品中、不同储存条件下的稳定性的内容。 经本次国内外查新检索，未见国内有关“生物样品中海洛因稳定性”的研究报道。

2. 文件检验项目查新实例

项目名称	黑色墨水字迹的检验技术研究
科学技术要点	本项目选用无损检验的激光拉曼光谱法和有损的薄层色谱法研究黑色墨水，形成黑色字迹的系统检验方法；建立了“钢笔墨水字迹的无损鉴别方法”、“黑色墨水字迹的无损鉴别方法”、“圆珠笔字迹的无损鉴别方法”、“打印文件是否一次性打印形成的检验方法”四个检验规程；还建立了“黑色墨水数据库（包括黑色签字笔字迹、黑色钢笔字迹、黑色圆珠笔字迹）”、“激光打印字迹数据库”、“喷墨打印字迹数据库”三个数据库。 技术要点：（1）黑色字迹的拉曼光谱无损检验法；（2）曲线拟合区分纯碳素墨水；（3）黑色字迹的拉曼数据库。
查新点	1. 建立了黑色墨水数据库、激光打印字迹数据库、喷墨打印字迹数据库。 2. 建立了用激光拉曼光谱法鉴别黑色签字笔字迹、黑色钢笔字迹和打印字迹的方法。
关键词	墨水、字迹、黑色、拉曼、数据库

续表

检索式	主题=（墨水+字迹）＊黑色＊（拉曼+数据库）
查新结论	本次检索参照用户提供的检索词，利用上述检索式机检和手检了上述国内数据库和纸质资料，查得相关文献22篇，分别讨论了采用拉曼光谱法、薄层色谱法、紫外导数光谱法、红外光谱法、红外衰减全反射光谱法、紫外—可见导数光谱法、GC/MC检验法、液相色谱法、荧光光谱法、扫描电镜法等方法检验黑色打印字迹和黑色书写字迹等内容。上述相关文献中有6篇涉及了采用激光拉曼光谱法鉴别打印字迹、黑色圆珠笔油，其中4篇为本查新委托单位课题研究人员发表的文章；另2篇研究了用显微激光拉曼光谱法鉴别黑色圆珠笔油的内容。 经本次对国内公开发表的文献进行检索，未见有关建立"黑色墨水数据库、激光打印字迹数据库、喷墨打印字迹数据库"的文献报道；并且，除本查新委托单位课题研究人员发表的文章外，未见"用激光拉曼光谱法鉴别黑色签字笔字迹、黑色钢笔字迹和打印字迹"的研究报道。

3. 痕迹检验项目查新实例

项目名称	真空镀膜技术在手印显现中的应用
科学技术要点	本项目研究了真空镀膜法显现非渗透性客体上潜在手印的问题，研究了显现过程中不同膜系对显现的影响、抽真空时间对常见检材材质的影响以及喷镀距离、角度、量值对显现的影响，并研究了常用显现方法（超级胶熏显、粉末显现、荧光染色）与真空镀膜手印显现技术的相互作用，以及对枪身、弹匣、枪套等检材表面上的手印以及某些皮革和柔软塑料等检材上的指印进行显现等内容。
查新点	1. 真空镀膜手印显现过程中不同膜系对显现的影响。 2. 真空镀膜手印显现过程中抽真空时间对常见检材材质的影响。 3. 真空镀膜手印显现过程中喷镀距离、角度、量值对显现的影响。 4. 常用显现方法与真空镀膜手印显现技术的相互作用。 5. 真空镀膜手印显现方法对枪身、弹匣、枪套等检材表面上的手印以及某些皮革和柔软塑料等检材上的指印进行显现。
关键词	真空镀膜、手印、指印、指纹、显现、vacuum metal deposition、VMD、fingerprint、fingermark、handprint、handmark、development

续表

检索式	1. 主题= 真空镀膜 and（纹 or 印 ）and 显现 2 .（vacuum （ ） metal （ ） deposition + VMD）/ti，ab * (fingerprint? +fingermark? +handprint? +handmark?) /ti，ab * develop? /ti，ab
查新结论	本次检索，利用上述检索词和检索式，检索了上述国内外数据库和中文检索工具书，查到国内外涉及本查新项目的相关文献共15篇，包括中文文献3篇、外文文献12篇。 相关文献中前2篇为本查新委托单位发表的文章，研究了真空镀膜与“502”熏显法在显现常见非渗透性客体上汗潜手印方面的对比实验，以及真空金属镀膜显现指印时，镀金量对镀层尺寸和密度的影响。其与国内外相关文献涉及真空镀膜技术显现塑料、玻璃、纤维、潮湿纸张、热敏纸等载体上的手印等内容，并研究了镀膜种类与“502”熏显结合运用等影响因素。 经本次国内外查新检索，在用真空镀膜技术显现手印方面，未见研究“抽真空时间对常见检材材质的影响”，“真空镀膜手印显现过程中喷镀距离、角度、量值对显现的影响”，以及显现“枪身、弹匣、枪套等检材表面上的手印”的相关文献报道。

4. 微量物证项目查新实例

项目名称	泥土物证中微量元素的 ICP-MS 定量分析方法研究
科学技术要点	该项目建立了用 ICP-MS 分析泥土物证中微量元素的定量分析方法。首先确立了微波消解条件，然后确定 ICP-MS 分析仪的最佳仪器参数，采用动态反应池技术消除分析干扰，确定激光烧蚀（LA）-ICP-MS 分析泥土样品的进样最佳参数，比较激光烧蚀进样和微波消解进样的优劣，并利用“元素指纹”对泥土样品作进一步区分。
查新点	1. 微波消解泥土的条件优化。 2. CCT 动态反应池技术去除分析干扰的参数优化。 3. 确定激光烧蚀（LA）-ICP-MS 分析泥土样品的进样最佳参数。 4. 形成泥土样品的“元素指纹”。
关键词	泥土、土壤、ICP、MS、反应池、微波消解、激光烧蚀、元素指纹、soil、ICP-MS、microwave digestion、cell、elemental fingerprint、laser ablation
检索式	1. 主题=土 * ICP * MS * （反应池+微波消解+激光烧蚀+元素指纹） 2. soil? /ti * ICP （） MS/ti * （cell+microwave （1w） digestion+elemental （） fingerprint? +laser （） ablation）/ti, ab

续表

查新结论	本次检索，利用上述检索词和检索式，检索了上述国内外数据库和中文检索工具书，查到相关文献 20 篇，包括国内文献 13 篇、国外文献 7 篇。 国内相关文献中的第 1 篇是本查新委托单位研究人员发表的文章，分析了不同激光束直径对 LA-ICP-MS 检测泥土的准确性影响；其他国内相关文献分别论述了用微波消解 ICP-MS 法测定土壤中多种微量元素，激光烧蚀（LA）-ICP-MS 联用技术在地质、矿冶、材料、环境监测等领域的应用，元素指纹 ICP-MS 法测定土壤、大米、茶叶中稀土元素含量等内容，并提及了实验参数优化和动态反应池技术等内容。 国外相关文献分别研究了用微波消解或激光烧蚀（LA）-ICP-MS 技术测定土壤中微量元素，用动态反应池—电感耦合等离子体质谱法测定土壤中的（90）Sr，以及在法庭科学土壤分析中，利用 ICP-MS 技术获得元素指纹等内容。 经本次国内外查新检索，未见国内“利用元素指纹信息对法庭科学领域中泥土物证进行区分检验”的相关报道；除本查新委托单位发表的文章外，亦未见国内“利用激光烧蚀—电感耦合等离子体质谱技术对泥土样品进行检验，并对激光烧蚀进样和微波消解进样方法进行比较”的相关文献报道。

5. 法医学项目查新实例

项目名称	正常人的身高与相关基因多态性关系的研究
科学技术要点	本项目选择与身高关联较大的三个基因（VDR 基因、PTHR1 基因、GH1 基因），并分别采用了 RFLP、STR、SNP 三种技术，对无关志愿者个体进行检测，获得每个基因在汉族人群中分布的基础数据，并初步研究其与成人身高之间的关联。
查新点	1. 以 RFLP 技术检测 VDR 基因在汉族人群中的分布多态性。 2. 以 STR 技术检测 PTHR1 基因在汉族人群中的分布多态性。 3. 以 SNP 技术检测 GH1 基因启动子区域在汉族人群中的分布多态性。 4. 通过对无关志愿者个体进行 VDR 基因、PTHR1 基因、GH1 基因检测获得分型，并研究其与成人身高之间的关联。
关键词	身高、VDR、PTHR1、GH1、RFLP、STR、SNP、Height

续表

检索式	1. 主题=（RFLP+STR+SNP）*（VDR+PTHR1+GH1）*身高 2. （VDR+PTHR1+GH1）/ti，ab * height/ti，ab *（RFLP+STR+SNP）/ti，ab
查新结论	本次检索，利用上述检索词和检索式，机检和手检了上述国内外数据库和中文检索工具书，查到国内外关于 VDR 基因、PTHR1 基因、GH1 基因与身高关系的相关文献 13 篇，另查到采用 RFLP、STR、SNP 三种技术分别检测 VDR 基因、PTHR1 基因、GH1 基因研究其多态性的文献 20 余篇。 上述国内外相关文献，分别研究了 VDR 基因、PTHR1 基因、GH1 基因遗传多态性以及与部分汉族人、土耳其人、日本人、年轻白人女性等人群的身高关系，但未查得研究 PTHR1 基因多态性与汉族人群身高关系的相关文献。 经本次国内外查新检索，未见研究“PTHR1 基因多态性与汉族人群身高关系”的相关报道。

6. 警犬驯养项目查新实例

项目名称	血迹搜索犬训练与应用技术研究
科学技术要点	本项目利用警犬训练和刑事现场勘查技术，训练搜索犬搜索案发现场及其周边、作案路径及交通工具可能遗留的可见或不可见的人体血迹，为法医DNA鉴定提供依据。研究内容主要是针对室内、各种路面、野外丛林、车辆及人体血迹搜索警犬的训练与使用技术。项目成果包括《血迹搜索犬训练与应用技术训练程序》、《血迹搜索犬训练与应用技术考核认证标准》和《血迹搜索犬训练与应用技术现场使用指南》。
查新点	1. 在被冲刷、被处理的刑事现场搜索微量、稀释血迹气味，以及遗留时间长达5天以上的陈旧性血迹的血迹搜索犬训练技术。 2. 血迹搜索犬在混有其他动物血迹的区域中快速辨别出人体血迹的训练技术。 3. 搜索犬在房门封闭状态下搜索室内是否存在人体血迹的训练技术。
关键词	搜索犬、搜血犬、训练

续表

检索式	主题=（搜血犬 or 犬 and 血 and 搜索）and 训练
查新结论	本次检索参照委托人提供的检索词，利用上述检索式机检了上述国内数据库，并手检了公安科技成果公报，查得7篇相关文献。 上述相关文献中第1篇为本查新项目委托人发表的文章，通过人体血迹搜索犬的日常训练和现场使用，比较了几种搜索犬的特点；其他相关文献研究了血迹搜索犬的训练及现场应用，涉及了受训犬的选择标准及血迹搜索犬所需的训练器材、训练步骤和方法，对现场平面血迹、血迹气味、尸体尸块、带血痕迹物证等方面的搜索训练等内容。 经本次对国内公开发表的文献进行检索，未见血迹搜索犬的训练及应用内容涉及“在被冲刷、被处理的刑事现场搜索微量、稀释血迹气味，遗留时间长达5天以上的陈旧性血迹”，“在混有其他动物血迹的区域中快速辨别出人体血迹”，以及“在房门封闭状态下搜索室内是否存在人体血迹的”的相关研究报道。

二、消防工程与技术查新典型实例及分析

消防工程与技术是开展消防安全预测，消防灭火系统与消防装备的设计、施工、运转、维护以及灭火救援与火灾原因分析等一系列具体消防技术活动与方法的总称。消防工程与技术研究范围主要包括：火灾探测与报警、火灾原因分析、应急救援工程技术、消防检测与风险评估、消防安全社会科学、石油化工工艺防火分析、灭火剂及灭火装备、灾害事故现场处置及装备研究，以及工业与民用建筑、高层建筑、大空间建筑和地下建筑等场所的防火设计。需要指出的是，鉴于消防工程与技术领域涉及以上诸多方面，因此在选取查新项目典型实例时按照消防装备、灭火技术、火灾事故现场处置、火灾原因分析、火灾预防与应急等再次进行了细分，以方便读者阅读。

（一）消防工程与技术项目查新特点

查阅分析 1995~2014 年近 200 份消防工程与技术领域查新报告，通过归纳整理，发现这类项目的查新特点主要包括：一是早期对火场残留物分析的课题较多，用于火灾原因调查。随着以预防和避免人员伤亡为主，特别是在汶川和玉树地震后，消防监控和预防、消防救援装备的研发课题较多。二是消防器材等产品查新项目增多，应重点检索专利文献或互联网信息。三是此类查新项目的关键词选择因人而异，一致性和规范化程度较低。关键词选用不一致将会给文献检索带来不便，容易造成漏检和误检。例如，“消防”一词，其英文有“fire protection”、“fire fighting”、“fire control”、“fire prevention”和“extinguishing”等。因此，一方面，查新委托人应尽量提供规范化的关键词和行业术语；另一方面，查新人员还可通过观察词语在文献中使用的频率来确定较为规范通用的词语。

（二）消防工程与技术项目查新检索资源

根据消防工程与技术领域查新项目所涉及的范围，公安科技查新机构常用的消防领域数据库与期刊包括：《消防科学与技术》、《火灾科学》、《消防技术与产品信息》、《武警学院学报》、《中国消防》、《火警》、《热力学及热动力学杂志》（Thermophysics and Aeromechanics）及《火与材料期刊》（Fire Safety Journal）等。其中，《消防科学与技术》是由公安部主管、中国消防协会主办的杂志，是我国创刊最早、最具影响力的消防安全工程领域学术性期刊，已经被万方数据—数字化期刊群、中文科技期刊数据库、美国化学文摘等国内外著名期刊检索数据库收录。此外，手工检索资源还包括公安部内部发行的《公安科技成果公报》以及消防会议论文集等。消防工程与技术类查新项目所需的文献检索资源包含机检电子文献资源和手检资源，如下所示：

1. 机检电子文献资源库

（1）中文数据库：

序号	数据库名称	收录时间范围
1	中国学术会议论文数据库	1986—
2	中文科技期刊数据库	1989—
3	中国学位论文数据库	1989—
4	中国科技论文引文分析数据库	1989—
5	中国计算机文献数据库	1995—
6	中国科技成果数据库	1983—

续表

序号	数据库名称	收录时间范围
7	中国专利数据库	1985—
8	采矿文献数据库	1980—
9	国外石油文献库	1988—
10	中国石油文献库	1986—
11	地震文献数据库	1988—
12	建设文献数据库	近期

（2）外文数据库（DIALOG 国际联机检索系统）：

序号	数据库名称	收录时间范围
1	INSPEC（英国科学文摘）	1898—
2	NTIS（美国政府报告文摘数据库）	1964—
3	Ei Compendex ®（美国工程索引）	1970—
4	Chem. IndustryNotes（化工工业札记）	1974—
5	ChemEng & BiotecAbs（化工与生物技术文摘）	1995—
6	Derwent WPI（德温特世界专利索引）	1963—
7	Abstracts（工程文摘）	1960—

续表

序号	数据库名称	收录时间范围
8	Security Management（安全管理文摘）	1980—
9	Civil Engineering Abstracts（土木工程文摘）	1966—
10	ProQuest Environmental Science Professional（CSA 环境科学类数据库）	1990—
11	PASCAL（法国综合科技数据库）	1984—
12	Material Safety Datasheets-OHSTM（化学品安全说明书）	2000—
13	ABI/INFORM ® Professional Advanced（商业信息数据库）	1971—
14	Engineer Material Business Files（材料商业文档）	1985—

2. 手检资料

序号	资料名称	收录时间范围
1	《公安科技成果公报》（内部资料）	1990—
2	《中国消防年鉴》	2001—
3	《中国消防协会科学技术年会年鉴》	2000—
4	《消防科技与工程学术会议论文集》	2008—
5	《全国第一届超高层建筑消防学术会议论文集》	2014

（三）消防工程与技术项目查新典型实例

1. 防火技术项目查新实例

项目名称	消防电气线路防火保护措施有效性实验研究
科学技术要点	本项目采用改进的塑料电缆热辐射试验炉及数据采集系统，模拟 ISO 834 标准火灾场景，研究了常用电缆分别在涂敷防火涂料和穿涂有防火涂料金属管时的失效时间。试验结果表明：当电缆直接涂敷电缆防火涂料时，在试验的涂层厚度范围内，电缆绝缘的失效时间与涂层厚度成正比例关系；当电缆套上涂有防火涂料的金属管时，电缆绝缘失效时间延长得更加显著，电缆绝缘的失效时间与涂层厚度也成正比例关系；通过全尺寸的试验研究发现，电缆采取穿管保护后短路时间有所延长，延长的时间与保护管的质地、防火涂料的种类有关，且在中尺寸试验中短路时间越长，对应的在全尺寸试验中短路时间缩短得越明显。
查新点	1. 采用改进的塑料电缆热辐射试验炉及数据采集系统，模拟 ISO 834 标准火灾场景，研究常用电缆分别在涂敷防火涂料和穿涂有防火涂料金属管时的失效时间。 2. 运用传热学基本理论建立电缆在热辐射作用下其内部温度的分布模型，并对模型进行数值计算，分析得到电缆绝缘失效时间与涂料的膨胀厚度和涂料的热扩散系数之间的关系。
关键词	电缆、绝缘失效、防火涂料、温度场模型

续表

检索式	主题=电缆 * 防火涂料 *（绝缘+失效+温度 * 模型）
查新结论	本次检索，利用上述检索式机检和手检了上述国内数据库和纸质资料，共查得国内 8 篇相关文献。 上述相关文献均为本查新项目研究人员发表或参与发表的文章，涉及了利用红外辐射加热炉及绝缘电阻测量系统，模拟 ISO 834 火灾条件，研究电缆在涂敷不同厚度防火涂料和套上涂有不同厚度钢结构防火涂料金属管两种保护方式下绝缘电阻的失效时间，以及运用传热学理论建立电缆穿涂敷钢结构防火涂料后在火灾条件下的内部温度分布模型，并对电缆进行数值计算，得到失效时间与防火涂料涂层膨胀厚度及热扩散系数之间的函数关系式等内容。 经本次对国内公开发表的文献进行检索，除本查新项目研究人员发表的文章外，未见与查新项目相同的研究报道。

2. 灭火技术项目查新实例

项目名称	汽车库关键灭火技术研究
科学技术要点	本项目将通过实体火灾试验，研究车库内汽车火灾发展规律，研究自动喷水灭火系统、泡沫—水喷淋灭火系统、其他环保水系灭火系统等扑灭汽车火灾的灭火效能；开展相关灭火系统关键灭火参数的试验研究，确定系统的关键设计参数；评价相关灭火系统的综合性能，研究了汽车库应用合理有效的灭火系统；研发适用于汽车库的环保灭火剂与新型灭火设备；转化研究成果，完成典型的应用示范工程。
查新点	1. 通过实体火灾试验，获取自动喷水灭火系统、泡沫—水喷淋灭火系统及其他环保水系灭火系统等扑灭汽车火灾的灭火效能。 2. 通过实体火灾试验，确定适宜汽车库的灭火系统及灭火系统喷头布置、作用面积、喷洒强度等关键因素。
关键词	车库、灭火、消防、泡沫、水、garage、parking、fire、extinguishing、foam、water、sprinkler、spray

续表

检索式	1. 主题=车库＊（灭火+消防）＊（泡沫+水） 2. （garage？+park？）/ti，ab＊（fire+extinguish？）/ti，ab＊（foam+water+sprinkler+spray）/ti，ab
查新结论	本次检索，利用上述检索词和检索式，检索了上述国内外数据库和中文检索工具书，并搜索了互联网信息，查到相关文献17篇，包括国内文献11篇、国外文献6篇。 国内相关文献中的第1篇是本查新项目委托单位发表的文章，研究了立体汽车停车库的火灾特点及自动灭火系统的设计；其余相关文献分别讨论了大型、地下、立体汽车库的自动喷水灭火系统、泡沫喷淋灭火系统和自动喷水—泡沫联用灭火系统，研究了各种灭火系统的组成、工作原理、喷头布置、灭火系统设计的计算过程等内容。 国外相关文献分别结合多层、地下车库的消防特点，介绍了喷水或泡沫灭火系统的应用、喷头安装位置、灭火设备等内容。 在上述国内外相关文献中，未见“通过实体火灾试验，获取自动喷水灭火系统、泡沫—水喷淋灭火系统及其他环保水系灭火系统等扑灭汽车火灾的灭火效能”和“通过实体火灾试验，确定适宜汽车库的灭火系统及灭火系统作用面积、喷洒强度等关键因素”的研究报道。

3. 火灾现场分析项目查新实例

项目名称	火灾现场有害气体检测研究
科学技术要点	本项目对火灾中可能产生的烟气进行定性分析，鉴别出毒性气体的种类，为现场救援提供危险预警，为灾后的物证鉴定提供参考，主要内容： 1. 利用便携式红外光谱仪对模拟火灾烟气进行分析，总结出不同助燃物及以不同助燃物为载体的汽油燃烧后烟气成分及变化规律，快速判断火场烟气种类。 2. 利用碳分子筛填充吸附管采集模拟火场烟气，用于物证鉴定分析。 3. 对吸附管采集烟气的失效性进行试验研究，确定烟气物证采集的最高时限，为实际火灾调查采样工作提供参考。 4. 对采集烟气利用热解吸进样技术进行色谱质谱联用分析。分析研究得出加汽油燃烧后烟气的目标化合物。
查新点	1. 便携式红外光谱法鉴别火灾有害烟气成分； 2. 利用吸附管/色谱质谱联用技术确定加汽油火灾烟气的特征化合物； 3. 分子筛吸附管采集火灾烟气的时效性研究； 4. 利用模糊聚类分析法分辨汽油浸渍样品与纯样品燃烧烟气的 GC/MS 谱图。
关键词	火灾、火场、气体、烟气、红外、色谱、吸附、谱图、质谱、GC、MS

续表

检索式	主题=火＊（烟气+气体）＊（红外+色谱+吸附+质谱+谱图+GC+MS）
查新结论	本次检索，利用上述检索式机检和手检了上述国内数据库和纸质资料，共查得5篇相关文献。 上述相关文献中，有2篇研究了红外光谱技术检测火灾有害烟气成分的方法，未涉及便携式红外光谱仪；有1篇介绍了快速检测甲苯、甲醇、氯化氢等有毒有害气体的便携式红外气体分析仪，但未涉及检测火灾烟气内容；有1篇讨论了用吸附管（AT）/气相色谱（GC）/质谱（MS）法检测纵火残留物中轻质矿物油的内容，并讨论了吸附时间与吸附量的关系，未涉及火灾烟气分析的内容；还有1篇是关于离子色谱法在火灾烟气分析中的应用研究的内容。 经本次国内查新检索，未见利用“便携式红外光谱仪鉴别火灾有害烟气成分”的研究报道，亦未见“利用吸附管/色谱质谱联用技术分析加汽油火灾烟气”、研究“分子筛吸附管采集火灾烟气的时效性”以及“利用模糊聚类分析法分辨汽油浸渍样品与纯样品燃烧烟气的GC/MS谱图”的相关研究报道。

4. 火灾原因分析项目查新实例

项目名称	建筑典型电气火灾故障分析模式及传播特征研究
科学技术要点	本项目根据建筑电气系统、构成、原理及用途，从建筑电气火灾发生的机理、成因规律出发，在分析电气火灾原因和电气火灾统计数据的基础上，确定引发火灾的典型电气故障形式，进行分立式、分布式电气故障仿真，结合相应的模拟实验，归纳出电气故障传播特征、典型故障的火灾物证规律特征和提取方法实用的火灾原因识别技术。本项目的研究成果将直接应用在消防部门的火灾原因调查和痕迹物证鉴定机构。它将为提高火灾现场物证提取和原因认定的准确率，拓展痕迹物证鉴定技术和方法的适用性，分清火灾责任，最大限度地避免类似火灾的发生而发挥作用。
查新点	1. 火灾中电气故障模式的识别技术。 2. 电气故障引发火灾的模拟研究技术。 3. 典型模式下电气火灾物证提取与特征识别技术。
关键词	火灾、电气、模式、仿真、模拟、识别、特征、物证、故障、fire、identification、distinguish、recognition、electrical、fault、failure、mode、simulation、trace、features、evidence
检索式	1. 主题=火灾＊电气＊故障＊（模式+仿真+模拟+识别）＊（特征+物证） 2. fire/ti ＊ electric？/ti，ab ＊（fault＋failure）/ti，ab ＊（mode＋simulati？＋identif？＋distinguish？＋recogni？）/ti，ab ＊（feature？＋evidenc？）/ti，ab

续表

查新结论	本次检索，利用上述检索词和检索式，检索了上述国内外数据库和中文检索工具书，查到相关文献 14 篇，包括国内文献 10 篇、国外文献 4 篇。 国内相关文献中第 1 篇和第 2 篇为本查新委托人发表的文章和委托单位的成果报道，分析了现有电气火灾技术鉴定方法，综合了电气回路故障分析方法，提出了将宏观、微观的技术分析手段与电气故障传播时序分析方法相结合的电气火灾综合鉴定技术理论。其余 8 篇文献分别对建筑电气火灾的规律、特点，电气故障火灾危险性，电气火灾原因，用电气故障传播原理确定火灾原因等内容进行了讨论。 国外相关文献主要以电气火灾的原因和痕迹物证为研究方向，基于实际案例介绍了国外电气故障原因所形成的火灾物证特征，并介绍了鉴定方法。 上述国内外相关文献，均未涉及“在分析电气火灾原因和电气火灾统计数据的基础上，确定引发火灾的典型电气故障形式，进行分立式分布式电气故障仿真，结合相应的模拟实验，归纳出电气故障传播特征、典型故障火灾物证规律特征和提取方法”的研究内容。 经本次国内外查新检索，未见针对“电气故障引发火灾的模拟研究技术”进行研究的相关报道。

5. 火灾预防与应急项目查新实例

项目名称	人员密集公共建筑消防应急预案编制指南
科学技术要点	本项目分析并总结了国内外突发公共事件应急体系；对我国部分地区人员密集公共建筑的消防应急情况进行实地调查；通过研究，确定了人员密集公共建筑消防应急预案的编制内容、步骤、操作程序等。
查新点	1. 结合人员密集公共建筑类型的特点，建立消防应急预案的基本结构和体系。 2. 提出适合我国国情的人员密集公共建筑消防应急预案的基本编制方法。
关键词	人员密集、公众聚集、场所、建筑、消防、火灾、应急预案、assembly occupancy、public assembly、public venues（places）、crowd、fire、emergency response plan、rescue
检索式	1. 主题=(人员密集+公众聚集) *（场所+建筑）*（消防+火灾）* 应急预案 2. fire/ti *（emergency（）response（）plan+rescu?）/ti, ab *（assembly（）occupanc? +public（）（venue? +place?）+ crowd?）/ti，ab

续表

查新结论	在本次检索中，利用上述检索词和检索式，检索了上述国内外数据库和中文检索工具书，查到相关文献 26 篇，包括国内文献 19 篇、国外文献 7 篇。 国内相关文献讨论了国内人员密集场所，如车站、大型商场、超市、医院等公共建筑存在的主要消防安全问题，分别就安全疏散系统分析、灭控火能力分析和应急资源以及应急能力等消防应急预案中涉及的主要内容进行了分析，分析其火灾发生的原因，建立了灭火和应急疏散预案。 国外文献主要以公共建筑物灭火救援准备工作为主要研究方向，基于实际案例介绍了国外公共建筑的灭火和应急疏散预案。 经本次国内外查新检索，未见结合人员密集公共建筑类型的特点，研究“建立消防应急预案的基本结构和体系”，提出“应急预案的基本编制方法”的相关文献报道。

三、计算机信息安全技术查新典型实例及分析

计算机信息安全技术，通常是指由密码应用技术、信息安全技术、数据灾难与数据恢复技术、操作系统维护技术、网络维护技术、数据库应用技术等组成的计算机技术体系。目前，计算机信息安全技术领域的查新项目多涉及防火墙、安全路由器、计算机安全平台、安全服务器、电子签证设备、认证设备、安全数据管理中心、入侵检测系统（IDS）以及安全数据库等产品及相关技术。该领域研究项目有相当大的比例属于保密级别，因此能进行查新的项目不多，数量仅占每年公安科技查新项目总数的5%左右。以下选取等级化信息系统安全、信息安全风险评估方面的两个查新项目作为典型实例。

（一）计算机信息安全技术项目查新特点

通过查阅分析1995~2014年70余份计算机信息安全技术领域查新报告，可以将信息安全领域查新项目的主要特点归纳整理为：一是有关信息安全领域的查新项目呈逐年上升趋势，主要集中在网络安全监控和计算机防黑客方面。二是由于研究成果一般为专利及其产品，因此应将专利库列为该类项目的主要文献源。三是国外计算机信息安全技术类文献公开较少，大多为简单的新闻简介，内容也不涉及具体性能参数和技术路线，主要是因为计算机技术更新较快，各国都将其视为重点研究和发展对象。四是由于计算机信息安全技术是新兴学科，其术语和缩写较多，大多数技术名称采用英文缩写和中文简称，如“云技术”是网络、互联网的一种通俗说法，一般规范词为“云计算技术”。

（二）计算机信息安全技术项目查新检索资源

根据信息安全技术领域涉及的范围，公安科技查新机构常用的计算机信息安全技术检索数据库与期刊包括：中国计算机文献数据库、美国工程索引（EI Compendex）、《信息安全与技术》、《信息网络安全》、《中国公共安全》、《网络安全技术与应用》、《信息安全与通信保密》、《公安科技成果公报》、内部科研项目资料、《计算机安全杂志》（Computer Security Journal）及《信息安全技术报告》（Information Security Technical Report）等，以保证计算机信息安全技术查新项目的查全率和查准率。计算机信息安全技术类查新项目依托的文献检索资源包含机检电子文献资源和手检资源，如下所示：

1. 机检电子文献资源库

（1）中文数据库：

序号	数据库名称	收录时间范围
1	中国学术会议论文数据库	1986—
2	中文科技期刊数据库	1989—
3	中国学位论文数据库	1989—
4	中国计算机文献数据库	1995—
5	中国科技成果数据库	1983—
6	中国专利数据库	1985—

（2）外文数据库（DIALOG国际联机检索系统）：

序号	数据库名称	收录时间范围
1	ABI/INFORM ® Professional Advanced（商业信息数据库）	1971—
2	ACM（美国计算机协会数据库）	1985—
3	Ei Compendex ®（美国工程索引）	1970—
4	INSPEC（英国科学文摘）	1898—
5	PQDT（数字化博硕士论文文摘数据库）	1997—
6	SCIENCE ONLINE（科学）	1880—
7	Gale Group Trade & Industry Database（Gale工贸专题数据库）	1972—
8	Computer and Information Systems Abstracts（计算机和信息系统文摘）	1982—
9	PASCAL（法国综合科技数据库）	1984—
10	Sci Search（科学引文索引联机版数据库）	1961—
11	ISTP（科技会议录索引）	1978—
12	Abstracts in New Technology & Engineering（新技术与工程文摘）	1981—

2. 手检资料

序号	资料名称	收录时间范围
1	《公安科技成果公报》（内部资料）	1990—
2	《中国国际计算机信息系统安全展览会会刊》	2000—

（三）计算机信息安全技术项目查新典型实例

1. 信息系统安全项目查新实例

项目名称	等级化信息系统安全建设实验环境与检验平台
科学技术要点	本项目建设了基于 GB 17859-1999 和 GB/T 24856-2009 等标准的多级安全应用平台与安全功能组件检验工具集，以及第 29 届奥运会信息安全风险评估工具。项目以 GB 17859-1999 和 GB/T 24856-2009 等标准为依据，深入分析二级、三级和四级信息系统安全需求，研究信息系统等级保护安全体系结构及关键技术，在此基础上研制二、三、四级安全应用平台，以及相应的安全功能符合性检验工具。
查新点	1. 完成国家标准《信息安全技术信息系统等级保护安全设计技术要求》（GB/T 24856-2009）的编制。 2. 采用“一个中心、三重保护”（安全计算环境、安全区域边界、安全通信网络）体系结构，建设了符合 GB 17859-1999 和 GB/T 24856-2009 等标准的二、三、四级安全应用平台。
关键词	信息系统、网络、安全、风险、等级、保护、应用、实施、策略评估、评价、评测、测评、检验、检测、工具、平台
检索式	1. 主题=（信息系统+网络）*级*（保护+应用+实施+策略） 2. （信息系统+网络）*（安全+风险）*（检+评）*（工具+平台）

续表

查新结论	本次检索，参照用户提供的检索词，利用上述检索式，机检和手检了上述国内数据库、互联网信息和纸质资料，查得相关标准17个、相关文献21篇。其中，“GB/T 24856-2009 信息安全技术信息系统等级保护安全设计技术要求”为本查新委托课题的成果形式之一，《信息系统等级保护安全建设技术方案设计实现与应用》（电子工业出版社，2010年版）为本查新委托课题的成果形式之二，《解读国际〈信息系统等级保护安全设计技术要求〉》一文为查新委托课题组人员发表的文章。 检索命中的相关标准涉及了信息系统安全保护等级划分准则；安全等级保护基本要求、定级指南、设计技术要求；信息系统安全管理要求；网络基础安全技术要求；信息系统通用安全技术要求；操作系统安全技术要求；数据库管理系统安全技术要求以及信息系统安全保障评估框架等问题。 检索命中的相关文献提及了信息系统安全等级保护所涉及的政策和法律，系统安全等级划分（五级）、等级保护安全设计技术框架、信息系统安全需求分析、运行环境分析、网络结构/环境安全状况、典型外部攻击、常见内部威胁、管理中心设计、安全区域边界等问题。命中的相关文献还涉及了信息安全风险评估的研究方法、形式，信息安全风险评估工具的设计与实践应用，信息安全试验平台的设计与实现，信息安全风险评估综合框架及其工具构建，信息安全风险评估指标体系研究等。 经本次查新检索，在上述国内公开发表的文献中，所见相关文献所提及的信息安全系统体系结构与本查新项目“采用‘一个中心、三重保护’（安全计算环境、安全区域边界、安全通信网络）体系结构”不尽相同；未见“建设基于GB 17859-1999和GB/T 24856-2009的信息系统安全功能组件检验平台，针对二、三、四级系统，分别提供了对应的安全功能符合性检验工具集”的相关报道。

2. 信息安全风险评估系统项目查新实例

项目名称	第29届奥运会信息安全风险评估系统
科学技术要点	本项目是对北京奥运会信息安全进行风险评估的一个系统，其近期目标是奥运会风险评估，中远期目标则定位于满足国家“信息安全等级保护”制度下，各行业信息安全风险评估、定级、测评、认证等一系列需求。
查新点	1. 采用了从威胁出发的风险关联分析模型，该模型针对奥运会风险评估的特定需求进行定制，能够反映奥运会相关信息系统的特点和奥运会风险评估任务的特殊性，也符合信息系统安全风险评估的实际情况。 2. 自动化风险评估工具和自动化风险关联分析方法的集成降低了风险评估工作的复杂性。
关键词	信息、网络、安全、风险、评估、评价、奥运会、information、network、security、risk assessment（evaluation、analysis、estimation）、Olympic Games
检索式	1. 主题=（信息+网络）＊安全＊风险＊（评估+评价+奥运会） 2.（information？+network？）/ti，ab ＊ security/ti，ab ＊（risk（）（assess？+analy？+evaluat？+estimat？）+Olympic？）/ti，ab

续表

查新结论	本次检索，利用上述检索词和检索式，机检了上述国内外数据库，并手检了相关检索工具书，查得国内外相关文献近百篇（未全部列出）。 上述国内外相关文献论述了信息安全风险评估的各种技术方法与工具，以及各种量化分析模型，如目标威胁评估模型、信息资产安全价值识别、基于等级保护的信息安全风险评估法、基于“资产—威胁”评价指数矩阵风险分析法、模糊层次风险评估法等。其中，只有一篇相关文献涉及了奥运会：《北京电信业开展奥运期间行业风险评估》（《通信管理与技术》2007 年）。这篇相关文献讨论了第 29 届奥运会电信行业的风险评估工作，对公共电信网的网络与信息安全所存在的风险进行了分析，但未涉及基于威胁分析的风险评估方法。 经本次查新检索，在上述国内外公开发表的文献中，未见“采用了从威胁出发的风险关联分析模型”，针对奥运会信息安全进行风险评估的研究报道。

四、道路交通管理技术查新典型实例及分析

道路交通管理技术，是指公安机关为保障道路交通安全、畅通和有序，依据有关法律、法规，对构成道路交通系统的人、车、路和交通环境等要素进行统一管理的技术。道路交通管理技术涉及公安、交通、管理等多学科技术，具有工程技术和高科技应用等特点。道路交通管理技术类查新项目多涉及交通管理信息系统、车辆管理平台、交通安全设施、道路监控、事故分析、危险品运输等内容。在选取此类查新项目的典型实例时，按照交通安全管理、车辆管理再次进行了细分。

（一）道路交通管理技术项目查新特点

通过查阅和分析 1995～2014 年约 50 份道路交通管理技术项目查新报告，将道路交通管理技术领域查新项目的主要特点归纳总结为以下几点：一是技术手段日趋现代化、集成化。如今的交通管理技术综合运用了计算机、网络、交通信号控制、通信、自动控制、视频监控、系统集成等高新技术及产品，需要进行多学科、多领域分析。二是文献需求面宽。由于道路交通管理涉及多学科、多领域，包括机械、材料、化工、信息等多领域的技术理论和方法，因此，在道路交通管理技术项目查新中，需要在相关领域数据库中查找文献以保证项目检索的查全率。三是查新项目具有多样性。道路交通管理技术专业面广的特点决定了相关查新项目的多样性。科研工作者从不同的角度进行创新性研究，包括技术创新、工艺创新、材料创新以及其他行业技术转用、基础理论等。查新人员应根据不同方法、技术的创新，检索、分析与之密切相关的文献资料，从不同角度深入分析、对比，以论证其是否具有新颖性。

（二）道路交通管理技术项目查新检索资源

根据道路交通管理技术领域所涉及的范围，公安科技查新机构常用的道路交通管理技术检索数据库和期刊包括：《交通工程与管理》、《交通科学与工程》、《交通信息与安全》、《现代交通技术》、《交通与运输》、《国际车辆技术杂志》（International Journal of Automotive Technology）、《交通事故分析杂志》（Stapp Car Crash Journal）等期刊的机检电子文献库，《公安科技成果公报》、内部科研项目等手检资料，以保证相关查新项目的查全率和查准率。道路交通管理技术文献检索资源包含机检电子文献资源和手检资源，如下所示：

1. 机检电子文献资源库

（1）中文数据库：

序号	数据库名称	收录时间范围
1	中国学术会议论文数据库	1986—
2	中文科技期刊数据库	1989—
3	中国学位论文数据库	1989—
4	中国计算机文献数据库	1995—
5	中国科技成果数据库	1983—
6	中国专利数据库	1985—
7	交通运输专利数据库	1985—
8	交通运输国外标准文摘数据库	1976—
9	水路运输期刊全文数据库	1985—
10	交通科普知识数据库	近期
11	公路运输期刊全文数据库	近期
12	交通运输科技成果数据库	近期

（2）外文数据库（DIALOG 国际联机检索系统）：

序号	数据库名称	收录时间范围
1	INSPEC（英国科学文摘）	1898—
2	NTIS（美国政府报告文摘数据库）	1964—
3	Ei Compendex ®（美国工程索引）	1884—
4	TRIS（交通运输数据库）	1960—
5	ProQuest Dissertations and Theses Professional（ProQuest 学位论文）	近期
6	Transport Topics（交通运输系列专题）	近期
7	Motor Transport（汽车运输）	近期
8	Transportation Research Record（运输研究记录）	近期
9	Transportation Research International Documentation（国际运输研究文件）	1968—
10	Mechanical & Transportation Engineering Abstracts（机械与运输工程文摘）	近期

2. 手检资料

序号	资料名称	收录时间范围
1	《公安科技成果公报》（内部资料）	1990—

（三）道路交通管理技术项目查新典型实例

1. 交通安全管理项目查新实例

项目名称	道路交通安全管理系统研究与示范
科学技术要点	本项目研究了我国复杂交通环境下的交通管理技术，提出了隐形人脸图像和车辆号牌的采集核查，机动车直行、左转共用可变导向车道，机非混行交通条件下的非机动车动态引导，满屏灯及箭头灯动态组合应用，超大屏显示，左转公交车路口快速通行等关键技术，并结合中小城市定位及交通特点开展实战应用。
查新点	1. 采用眼镜隐蔽视频摄像头采集人像和车辆号牌，经自动识别后与联网数据库信息实时比对，发现异常及时报警。 2. 研究设计出直行、左转共用可变导向车道，通过与辅助信号灯配合使用，实现了可变导向车道（在一个信号周期内）直行、左转按顺序实时转换。 3. 建立了由引导员在路口骑行专用自行车引导非机动车安全通过路口的动态引导方法。
关键词	交通、管理、智能、人脸、人像、号牌、可变导向、引导
检索式	主题=交通＊管理＊（智能+人脸+人像+号牌+可变导向+引导）

续表

查新结论	本次检索，利用上述检索式机检和手检了上述国内数据库和纸质资料，共查得25篇相关文献。 上述相关文献主要研究了道路交通安全管理智能化的相关技术，提出了基于云计算、GIS的多种交通安全管理系统，综合运用计算机、网络、交通信号控制、通信、自动控制、视频监控，实现对机动车号码牌抓拍联网比对报警功能的系统或平台，将道路信息、导航信息、人况信息、交通事故信息进行集成，进行一体化管理，并开发了交通实时采集系统、交通信息示范终端系统等。 经本次对国内公开发表的文献进行检索，在查得的交通安全管理系统中，未见有关“采用眼镜隐蔽视频摄像头采集人像和车辆号牌，经自动识别后与联网数据库信息实时比对，发现异常及时报警”，“研究设计出直行、左转共用可变导向车道，实现了可变导向车道（在一个信号周期内）直行、左转的按顺序实时转换”，以及“建立了由引导员在路口骑行专用自行车引导非机动车安全通过路口的动态引导方法”的研究报道。

2. 车辆管理项目查新实例

项目名称	基于车辆动态信息管理的车联网综合应用系统
科学技术要点	该项目研究开发了集数字化车辆信息采集、RFID 电子车牌技术、传感器技术、网络通信技术、数据处理技术、自动识别控制技术、信息综合应用为一体的车辆智能化管理信息系统平台。系统首先对机动车辆核发 RFID 电子标签，写入车辆及车主相关信息，并将电子标签与车主手机卡和银行卡信息进行关联，通过路面安装的固定采集点和移动式执法终端完成对流动车辆的身份检测识别，实时获取电子标签信息。利用有线数据传输技术和 GPRS 无线网络技术将采集到的数据实时传输到交管数据管理中心，通过汇总分析处理，实现即时比对和报警，同时通过车主关联的手机卡和银行卡实现信息交互和电子支付功能，即将电子车牌、物理车牌、SIM 卡、银行卡构成互联互动效应，提高交通管理的智能化和信息化。该系统除了具有车辆及交通管理功能外，还具有基于车辆动态信息管理的车联网综合应用功能，通过安装车辆电子标签，锁定黑名单车辆，根据黑名单车辆的行驶轨迹和时间与案发现场的地点、时间、人员进行对比，为刑事案件的侦破提供可靠的线索和依据。
查新点	机动车辆的动态自动识别与智能管理。
关键词	机动车、车辆、动态、识别、管理、RFID、车联网

续表

检索式	主题=车＊动态＊（识别+管理+RFID+车联网）
查新结论	本次检索，利用上述检索式机检和手检了上述国内数据库和纸质资料，并搜索了互联网上的信息，共查得10篇相关文献。其中，“机动车号牌识别系统与管理平台/东易软件”包括黑名单车辆管理平台，可实现黑名单车辆的自动定位、追踪和报警功能；“汽车动态管理系统”（中国专利申请号：CN00113603.8）中的插卡阅读器可阅读的卡包括汽车行驶管理卡、汽车驾驶员管理卡和驾驶员金融管理卡。这两个系统均未说明采用了RFID电子车牌技术。其余8篇相关文献论述基于RFID车辆识别与自动管理系统，但未涉及“关联车主手机卡与银行卡”以及“锁定黑名单”的相关内容。 经本次国内查新检索，未见“采用RFID电子车牌技术，通过车主关联的手机卡和银行卡实现信息交互和电子支付功能”，且“具有基于车辆动态信息管理的车联网综合应用功能，可锁定黑名单车辆，根据黑名单车辆的行驶轨迹和时间与案发现场地点、时间、人员进行对比，为刑事案件的侦破提供线索和依据”的“基于车辆动态信息管理的车联网综合应用系统”的研究报道。

五、警用装备器材查新典型实例及分析

警用装备器材，是指公安民警所使用的专用装备或物品，一般包括：抓捕器、作战服、警用装备包、警用水壶、警用强光手电、电击棒、警用腰带八件套、作战靴、腿绑枪套、警用制式刀、子母作战背囊、防割手套、护膝护肘、手枪、防暴盾牌、高压水枪、巡逻车、催泪枪等物品。目前，警用装备器材领域的查新项目主要涉及警用武器、非致命性器械、反恐处突装备、警用特种装备、警用车辆等。近年来，该领域的查新项目逐年增多，占公安科技查新项目总数的10%以上。本书选取单警装备、警用车辆和反恐处突装备等作为查新典型实例。

（一）警用装备器材项目查新特点

经查阅和分析1995~2014年150余份警用装备器材领域查新报告，可将这类查新项目的主要特点总结为以下几点：一是实用性强，贴近基层。警用装备是公安各警种基层必不可少的装备，也是公安科技查新的特色之一，既包括常规装备，也包括实战特种装备。查新人员应注重警用装备知识的积累和学习，了解其性能、用途和技术指标。二是查新对象多为产品，时效性和动态性强，信息资源分布广泛。查新检索不仅要以专利数据库为主，更要兼顾互联网中的产品信息。三是警用装备器材研发手段呈多样性，很多成果不仅来自于科研院所，还来自于基层警务工作者的实践摸索和改进。越是小的改进越不易检索比对，查新时需要对查新项目的研究方法与技术路线仔细审读，理解实质内容并准确比较，文摘通常不能满足比对要求，需要调取原文认真仔细对照，从而客观作出查新结论。

（二）警用装备器材项目查新检索资源

根据警用装备器材领域涉及的范围，公安科技查新机构常用的警用装备器材检索数据库和期刊包括：《警察技术》、《装备学院学报》、《四川兵工学报》、《兵工自动化》、《特种武器与战术》（SWAT），《公安科技成果公报》、公安内部科研项目资料、中国国际警用装备博览会参展产品资料等，以保证相关查新项目的查全率和查准率。在上述所列信息资源中，中国国际警用装备博览会参展产品资料的参考价值较高。中国国际警用装备博览会自2002年首次举办以来，已经连续举办了七届。该展会经公安部、科技部和解放军总装备部批准，由公安部装备财务局、公安部第一研究所等单位主办，现已经成为沟通我国与世界各国警用装备器材产品交流的桥梁。博览会上展示的装甲车、直升机、抓捕器、枪支、防弹服等都是融入当今新科技的最新成果。这些装备的产品资料包含了大量技术信息，如产品的功能、技术指标等，为警用装备器材方面的查新提供了很好的文献来源。

警用装备器材技术文献检索资源包含机检电子文献资源和手检资源，如下所示：

1. 机检电子文献资源库

（1）中文数据库：

序号	数据库名称	收录时间范围
1	中国学术会议论文数据库	1986—
2	中文科技期刊数据库	1989—
3	中国学位论文数据库	1989—

续表

序号	数据库名称	收录时间范围
4	中国计算机文献数据库	1995—
5	中国科技成果数据库	1983—
6	中国专利数据库	1985—

（2）外文数据库（DIALOG 国际联机检索系统）：

序号	数据库名称	收录时间范围
1	INSPEC（英国科学文摘）	1898—
2	NTIS（美国政府报告文摘数据库）	1964—
3	Ei Compendex ®（美国工程索引）	1884—
4	Sci Search（科学引文索引联机版数据库）	1990—
5	警察白书（日本警察白皮书）	1993—
6	ProQuest Military Collection（军事精选数据库）	近期
7	ProQuest Dissertations and Theses Professional（ProQuest 学位论文）	近期
8	ProQuest Newsstand Professional（全球性新闻与商业信息数据库）	近期

续表

序号	数据库名称	收录时间范围
9	Mechanical & Transportation Engineering Abstracts（机械与运输工程文摘）	近期
10	ProQuest Materials Research Professional（ProQuest 材料数据库）	近期
11	ProQuest Advanced Tech & Aerospace（航空航天技术数据库）	近期

2. 手检资料

序号	资料名称	收录时间范围
1	《公安科技成果公报》（内部资料）	1990—
2	中国警用装备器材博览会产品资料	2002—
3	《警察技术》	1995—
4	《中国安全防范产业年鉴》	1990—
5	Jane's Defence Weekly（《简氏防务周刊》）	1990—
6	IHS Janes Police & Homeland Security Equipment（《简氏年鉴》）	1990—

（三）警用装备器材项目查新典型实例

1. 单警装备项目查新实例

（1）新型防暴通信头盔：

项目名称	新型防暴通信头盔
科学技术要点	本项目研制的防暴头盔的主要特点：在原有的警用防暴头盔的基础上，通过造型设计和工艺改善，提高了头盔的壳体和面罩的防护性能；解决了防暴头盔面罩同时兼备防雾和高强度性能的工艺问题；在防暴头盔上增加了外挂式通信接口，通过单指向麦克风、耳机、接插件、耐折拉通信线材、多用途线间适配器（配合手指 PTT）、多种可选插头等设计；护颈采用高分子材料和缓冲材料组合，提高防砍和耐切割能力。
查新点	1. 具备植入式耳机、指向性近讲麦克风、通信接口、可更换插头通信适配器、手指 PTT 等一系列通信支持系统，可与现有大多数警用手台配合使用的新型防暴通信头盔。 2. 生产工艺同时解决了面罩的长效防雾性能及高强度耐冲击性能。
关键词	防暴、头盔、面罩、通信、耳机、麦克风、PTT、防雾、耐冲击

续表

检索式	主题=防暴 and 头盔 and（防雾 or 耐冲击 or 面罩 or 通信 or 耳机 or 麦克风 or PTT）
查新结论	本次检索，利用上述检索式机检和手检了上述国内数据库和纸质资料，并搜索了互联网上的信息，共查得 7 项防暴头盔产品报道，均是按照防暴头盔标准壳型设计，配备抗冲击和防止面部损伤的面罩和护颈，其中“远程可视防暴头盔”（中国专利申请号：200520129978.4）和“无线信息传输头盔”（中国专利申请号：CN02205015.9）具有摄像及通信功能。但不具备“植入式耳机、指向性近讲麦克风、通信接口、可更换插头通信适配器、手指 PTT 等一系列通信支持系统”，也未提及面罩有“长效防雾性能”。 经本次国内查新检索，未见结构、性能与本查新项目相同的防暴头盔的研究报道。

（2）全防护战术防弹衣：

项目名称	全防护战术防弹衣
科学技术要点	该项目采用超高强度聚乙烯纤维制成，防水、防紫外线、耐酸碱。前胸插袋可根据需要分别插入防 79 式轻冲钢芯弹插板或防 56 式半自动步枪普通弹插板。防弹衣与单兵装具合二为一，方便携带各种弹匣、爆震弹和催泪弹、对讲机、卫星定位仪、电击器、手铐等器具。
查新点	1. 防 79 轻型冲锋枪 51-1 式 7.62mm 钢芯弹。 2. 与单兵装具合二为一，方便携带各种弹匣、爆震弹和催泪弹、对讲机、卫星定位仪、电击器、手铐等器具。
关键词	防弹衣、防弹服、防弹背心、全防（护）
检索式	主题=（全防+防护）and（防弹衣+防弹服+防弹背心）
查新结论	本次检索，利用上述检索词和检索式，机检了上述国内数据库、互联网上的信息，并手检了相关资料，查得 6 款相关产品。这 6 款相关产品均为全防护式防弹衣，分别防 56 式步枪 7.62mm 钢芯弹、54 式手枪配用的 51 式 7.62mm 普通弹（铅芯弹）和 64 式手枪发射的 64 式 7.62mm 手枪弹的射击，但文献报道中未提及具有以下性能： 防 79 轻型冲锋枪 51-1 式 7.62mm 钢芯弹； 与单兵装具合二为一，方便携带各种弹匣、爆震弹和催泪弹、对讲机、卫星定位仪、电击器、手铐等器具。 经本次国内文献检索，未见与本项目相同的“全防护战术防弹衣”。

2. 防暴装备项目查新实例

项目名称	便携式防暴网
科学技术要点	便携式防暴网在现役防暴网的基础上进行了小型化、便捷化的创新设计。在防暴阻截效果达标的情况下重量更轻、体积更小、使用更简易。用于武警部队处置群体性突发事件。
查新点	1. 便携式防暴网采用自锁关节实现对折，可以快速展开、收起。 2. 网片与支腿采用分体设计，固定支撑及辅助支撑与支腿组合可形成稳固受力结构，支腿可用于网片的短距离拖行。 3. 每10片便携式防暴网配简易拖车一辆，方便短距离运输，并减少储存体积。
关键词	防暴、阻隔、阻截、网
检索式	主题=（防暴 or 阻隔 or 阻截）and 网

续表

查新结论	本次检索，利用上述检索式机检和手检了上述国内数据库和纸质资料，共检索出4篇专利文献报道。 上述相关文献中第一篇为本查新委托人申请的相关专利，是关于一种便携式金属防暴阻截网，该防护网为金属防护网，后部设有与其活动连接的支架，支架与所述防护网及地面形成稳定的三角形、便于储存与携行；其余3篇相关文献介绍了各自防暴阻隔网的结构，其中，“警用快速防暴阻隔装置”（中国专利公开号：CN201214915）主要由主盘、副盘和防暴刺网组成，其中主盘包括固网装置、导引装置和行走底盘，行走底盘主要是用于设置滑轮，方便整个装置的移动。 经本次对国内公开发表的文献进行检索，除本查新委托人申请的专利外，未见与本查新课题结构相同的防暴阻截网的产品报道，即未见提及“采用自锁关节实现对折，可以快速展开、收起”，且“网片与支腿采用分体设计，固定支撑及辅助支撑与支腿组合形成稳固受力结构，支腿可用于网片的短距离拖行”的相关内容。

3. 警用车辆项目查新实例

项目名称	警用防核生化车辆装备技术研究
科学技术要点	本课题研究的公安警车具备防生化、智能洗消功能，车载洗消水储水装置，可随车储备洗消水，洗消药剂自动配方添加混合；车内设自动洗消通道，对现场人员进行清洗，洗消水自动回收和处理。该车辆适用于公安特警反恐突击，突发暴力事件或燃料化工等有毒有害突发事件的现场处置。
查新点	1. 自动洗消进入车内的人员及携行装备，洗消水自动回收处理。 2. 车辆外部现场生化监控、气候监控、自动取样及报警、现场音视频无线传输、指挥调度、车身外部自动清洗。
关键词	车、防核、防生化、防化、洗消
检索式	主题=车 *（防核+防生化+防化+洗消）
查新结论	本次检索，利用上述检索式机检和手检了上述国内数据库和纸质资料，并搜索了互联网信息，共检索出 8 篇相关文献。 上述相关文献介绍了多款防核生化洗消车辆、高危化学品应急处置车，能够对人员、携带装备及车身外部进行洗消，以及“三防”车辆设计准则、具体设计要求及方法。 经本次对国内公开发表的文献进行检索，未见具有“车辆外部现场生化监控、自动取样及报警、现场音视频无线传输、指挥调度”功能，且提及“洗消水自动回收处理”的警用防核生化车辆的研究报道。

4. 反恐处突装备项目查新实例

项目名称	反恐防暴特种装备
科学技术要点	本项目研制的反恐防暴特种装备，不仅具有反恐处突的治安管理和防暴力打击功能，还具有消防灭火、医务救护和现场清障功能。该装备由人或无人遥控驾驶、远程遥控控制和 GPS 通信指挥。纯电动高扭矩驱动装置，动力总功率达到 40 千瓦，可实现单轴输出 80 牛米扭矩，运行噪音低于 50 分贝，可为装备提供强劲动力和运行安全性保障。
查新点	1. 纯电动高扭矩驱动装置； 2. 伸缩臂式防护盾牌； 3. 锚桩锁固防倾覆装置； 4. 全方位灭火水炮。
关键词	防暴车、防暴装置、水炮、盾牌、防护屏障、驱动、锚桩锁固
检索式	主题=防暴＊（车+装置+装备）＊（水炮+盾牌+防护屏障+驱动+锚桩锁固）

续表

查新结论	本次检索，利用上述检索式机检和手检了上述国内数据库和纸质资料，并搜索了互联网信息，共检索出6篇主要相关文献。 上述相关文献介绍了多款防暴车辆，可通过装甲、防弹材料等对车身进行防护，有的采用强动力和射击口作为车体防卫装置，有的带有旋转水炮，可用于严重的群体性治安事件和骚乱的现场处置，实现消防灭火、通信、照明、指挥、运送防暴特警等功能。 经本次对国内公开发表的文献进行检索，未见具备“纯电动高扭矩驱动装置”、“伸缩臂式防护盾牌”、“锚桩锁固防倾覆装置”和“全方位灭火水炮”功能的反恐防暴特种装备的研发报道。

六、安全防范技术查新典型实例及分析

安全防范技术（简称安防技术），通常是指为公安机关开展安全防范管理工作提供支撑保障的相关技术，目前主要包括物理防范技术（实体防范，如建筑物和实体屏障）、电子防护技术（用于安全防范的电子、通信、终端及技术等，如视频监控、入侵探测与防盗防火报警、电子警察与智能交通）、生物统计学防范技术（利用人体的生物学特征进行安全防范，如指纹、掌纹等识别控制技术）。安全防范技术领域的查新项目数量每年保持稳定，占公安科技查新项目总数的20%以上，主要涉及防盗报警控制与传输设备、报警系统出入口控制设备、防盗保险柜、入侵探测器、汽车防盗报警系统、防盗安全门、楼宇对讲系统、机械防盗锁、防弹复合玻璃、视频监控设备等产品及相关技术。在众多技术与产品中，本书选取视频监控和掌纹识别方面的查新项目作为典型实例。

（一）安全防范技术项目查新特点

通过归纳整理2000~2014年120余份安全防范技术领域查新报告，可将这些项目的查新检索特点总结如下：一是专业涉及面广。安全防范技术是公安科技的组成部分，与社会公共安全密切相关，其部分产品渗透到人民生活的各个方面：实体防护、视频监控、报警运营、出入口控制、软件与系统集成、防爆安检等，安全防范作为跨部门、多学科的行业，初始阶段是从国外品牌产品的组装加工开始的，近几年开始加大投资力度，提高研发能力，因此，安全防范行业是一个规模较大、注重技术投资的行业，产品类型多、发展变化快。二是文献需求面广。基于安防行业是跨

部门、多学科的行业，其检索资源选择面要宽，除通用综合数据库外，还要兼顾相关的各行业数据库。这个领域的查新项目，不仅有大的技术革新，更多的是同类产品在制造工艺、结构、性能上的改进。目前大多数公开发表的科技文献资源，主要包括科技期刊、学术会议论文、学位论文、标准、专利等。这些文献对安防方面的新理论、新工艺、新方法等理论性的研究较多，对具体产品的阐述较少。所以，在安防产品和零件类科技查新项目中，需要一些其他通用的文献途径（如百度、谷歌等互联网搜索引擎）来保证查新检索中的查全率。除了这些通用的文献外，各种安防产品展览会资料，企业产品样本、企业广告宣传、企业网站中的产品介绍等也是查新文献检索的重要组成部分。这些文献多数是对产品的介绍，特别是对技术参数有非常详细的说明。三是技术水平多样化。为了实现不同的安防用途，一些安防设备的加工工艺和材料组成都一样，只是最终成品的尺寸规格和功能略有不同。但是，随着设备尺寸的变化，工艺实施难度也随之增大。类似这种查新项目，主要看其应用上是否能满足实际需要，如果能满足，一般认定其具有新颖性。例如，同样采用光纤报警技术，但对于光纤的振动灵敏度则有不同的定义。不同的企业针对具体情况大都自主设计工装设备，如果针对这种工装设备进行查新，并不能说明该项目的技术水平和新颖性。在这种情况下，主要看光纤报警系统的布控面积是否能满足几千米或者几十千米的大型周界环境，以此判断其新颖性。

（二）安全防范技术项目查新检索资源

根据安全防范领域涉及的范围，公安科技查新机构常用的安全防范技术检索数据库和期刊包括：《中国安防》、《安全防范》、《安防科技》、《中国公共安全》、Security Studies（《安全研究》）、Security Electronics Magazine（《安全电子学杂志》）、Security Technology & Design（《安全技术与设计》）等国内外期刊的机检电子文献库，《公安科技成果公报》、公安内部科研项目资料、中国国际公共安全产品博览会参展产品资料等手检材料，以保证相关查新项目的查全率和查准率。

安全防范技术文献检索资源包含机检电子文献资源和手检资源，如下所示：

1. 机检电子文献资源库

（1）中文数据库：

序号	数据库名称	收录时间范围
1	中国学术会议论文数据库	1986—
2	中文科技期刊数据库	1989—
3	中国学位论文数据库	1989—
4	中国计算机文献数据库	1995—
5	中国科技成果数据库	1983—
6	中国专利数据库	1985—
7	建设文献数据库	近期

（2）外文数据库（DIALOG 国际联机检索系统）：

序号	数据库名称	收录时间范围
1	INSPEC（英国科学文摘）	1898—
2	NTIS（美国政府报告文摘数据库）	1964—
3	Ei Compendex ®（美国工程索引）	1884—
4	Sci Search（科学引文索引联机版数据库）	1990—
5	ProQuest Dissertations and Theses Professional（Proquest 学位论文）	近期
6	ProQuest Newsstand Professional（全球性新闻与商业信息数据库）	近期
7	PASCAL（法国综合科技数据库）	1984—
8	ABI/INFORM ® Professional Advanced（商业信息数据库）	1971—

2. 手检资料

序号	资料名称	收录时间范围
1	《公安科技成果公报》（内部资料）	1990—
2	中国国际公共安全产品博览会产品资料	2002—

（三）安全防范技术项目查新典型实例

1. 视频监控项目查新实例

（1）智能评估技术在视频安防监控工程中的应用：

项目名称	智能评估技术在视频安防监控工程中的应用
科学技术要点	本项目主要研究成果为建设了视觉数据库系统、视频安防监控设备数据库系统、环境仿真三维可视化实时显示系统、固定摄像机仿真建模、可控摄像机仿真建模、评价指标体系和评估方法等，并根据上述研究成果，开发了视频安防监控工程安全效能的智能评估平台。 该效能评估平台，可以为安防工程的设计人员提供辅助设计工具，为视频安防监控工程的安全效能评估人员提供客观的评估手段和工具，有效改变视频安防监控工程的效果完全依赖人工主观评价的现状，有效避免工程中的监视盲区等防范漏洞，提高视频安防监控工程的安全效能。
查新点	1. 基于三维仿真、虚拟现实和人工智能技术，建立了一种视频安防监控工程规范设计和安全效能评估的智能方法与手段。 2. 实现了虚拟现实环境下的视频监控通用视觉三维数据库、通用监控设备三维数据库的建设，以及视频安防监控工程安全效能评价技术指标体系、智能评估专家系统的建设，并根据上述研究成果开发了视频监控工程安全效能评估的软件。

续表

关键词	视频、安防、监控、评估、评价
检索式	主题=（视频 or 安防）and 监控 and（评估 or 评价）
查新结论	本次检索，利用上述检索式机检和手检了上述国内数据库和纸质资料，共查得 9 篇相关文献。 上述相关文献中前 2 篇为本查新委托单位研究人员发表的文章，研究了安全防范系统效能评估的仿真模型，综述了视频图像质量的主、客观评价方法；其他相关文献也对视频监控系统的智能化评估进行了研究，内容包括评估方法、评估步骤、评估模型等。但上述文献只是涉及视频监控智能化评估理论的研究。 经本次国内查新检索，未见基于三维仿真、虚拟现实和人工智能技术建立的“视频安防监控工程安全效能评估平台”的研究报道。

（2）视频安防监控数字录像设备图像质量评价测试系统：

项目名称	视频安防监控数字录像设备图像质量评价测试系统
科学技术要点	本项目研制了满足《GB 20815-2006 视频安防监控数字录像设备》标准要求的图像质量评价测试系统，主要完成了图像质量主观评价参考视频源的制作、图像质量主观评价方法的研究、图像质量客观测试参考信号源的制作及客观测试系统的开发。
查新点	1. 针对安防监控领域的应用特点及视频压缩图像对图像引入失真的机理和失真的表现，选择和制作了图像测试序列，如银行点钞、交通环境、低照度环境等，测试场景结合实际、符合标准要求，能更有效地评价产品的图像质量。 2. 开发了分别针对帧率、分辨率和信噪比测试的客观测试视频。完成了参考信号源生成软件的研发，可测试实时显示及存储图像的帧率、图像的多种分辨率格式、图像的信噪比等指标。 3. 对于所采集视频不理想的问题采用配准方法。
关键词	视频、图像、质量、评价、录像、测试
检索式	主题=（视频 or 图像 or 录像）and 质量 and（评价 or 测试）

续表

查新结论	本次检索，利用上述检索式机检和手检了上述国内数据库和纸质资料，并检索了互联网信息，查得国内相关文献 10 篇。 上述相关文献研究了数字图像质量的主观及客观评价方法，分别涉及利用图像的结构失真特性设计客观图像质量的评价方法；双刺激 11 级质量的主观评价方法；PQA200 电视图像质量的客观测试方法；基于人类视觉系统的质量评价；灰度图像质量评价；视频序列图像质量主观评价与客观评价；MPEG-2 系统运动图像质量评价技术；基于 H. 264 的数字视频压缩图像质量的评价；以峰值信噪比为基础，结合结构相似度和基于人眼视觉系统的数字图像质量客观评价方法等内容。其中，“DVR 数字视频图像评价方法及测评工具（北京汉邦高科）”介绍了一种数字监控设备图像质量的评价方法：在图像质量主观评价方法中，考虑了马赛克效应、边缘处理、画面的还原性、快速运动图像处理和低照度图像处理等方面的技术；在客观评价方法中，参考视频源包括测试帧率视频段、音视频同步测试视频段、分辨率测试视频段、视频质量检查视频段等。但未提及“针对安防监控领域的特点及视频压缩图像对图像失真的表现所制作的图像测试序列”，“研发可测试实时显示及存储图像的帧率、图像的多种分辨率格式、图像的信噪比等指标的参考信号源生成软件”，以及“对于所采集视频不理想的问题采用配准方法”的研究内容。

2. 掌纹识别控制技术项目查新实例

项目名称	掌纹自动识别系统
科学技术要点	本项目可实现从掌纹的提取、输入、图像处理、特征提取到查询的全自动处理和识别。技术要点： 1. 系统为三层（客户端/中间服务器/数据库服务器）结构，解决了大容量系统中图像处理和特征比对海量数据快速处理等问题。 2. 系统全部以软件实现，不依赖于专用硬件，可在多种工业标准的工作站和 PC 机上运行。 3. 系统进行掌纹比对的峰值速度：100000 枚/秒。 4. 系统可通过参数设定接受各种不同类型的掌纹数据，并快速录入，使输入过程自动化。
查新点	具有客户端/中间服务器/数据库服务器结构，系统以软件实现而不需专用硬件，可通过参数设定接受各种不同类型的掌纹数据使输入实现自动化。
关键词	掌纹、识别、鉴别、比对、提取
检索式	主题=掌纹 and（识别 or 鉴别 or 比对 or 提取）

续表

查新结论	本次检索，机检了上述国内数据库、互联网上的信息，并手检了相关工具书，查得相关产品 2 件、相关专利 3 项、相关文献 8 篇。 其中，密切相关系统："掌纹识别系统"（工大集团）和"PS1000-BU 掌纹仪"（长春方圆光电技术有限责任公司）技术指标不详；"手掌纹/指纹智能识别系统"（深圳市公安局刑事科学技术研究所）提到该系统对指纹比对可达 8000 指/秒以上，同时具备"掌纹"识别功能。《基于掌纹识别的在线身份验证》（北京大学学位论文）、《掌纹图象分析与识别》（南京航空航天大学学位论文）和《基于掌纹图象分析的身份识别系统》（《中国图象图形学报》2000 年第 2 期）等文献分别报道了对掌纹的研究及建立的掌纹识别系统。上述内容未提及采用客户端/中间服务器/数据库服务器的设计结构。其余相关文献就"掌纹"的提取、鉴别、图形分析等进行了研究。 经本次对国内公开发表的文献进行检索，所见"掌纹识别系统"未提及：具有客户端/中间服务器/数据库服务器结构，系统以软件实现而不需专用硬件，可通过参数设定接受各种不同类型的掌纹数据使输入实现自动化等内容。

七、警用信息通信技术查新典型实例及分析

警用信息通信技术主要用于公安语音通信及数字传输，对于提高破案率、及时处理交通事故、巡逻执勤、防火救火、维护社会治安、保持社会稳定，甚至抗灾救灾起着至关重要的作用。随着公安系统大力开展科技强警工作，移动警用通信终端正成为完善公安警务办公系统信息化的重要手段，在金盾工程建设中发挥着重要作用。目前，警用信息通信技术领域查新项目主要涉及视频显微系统、高清数字录像机、单兵背负式无线传输设备、抗干扰通信设备、警用常规/集群对讲终端机、应急指挥无线移动视频监控、公安移动图像传输系统等产品及相关技术。由于警用信息通信技术领域涉及面十分广，因此在选取查新项目典型实例时，按照警务通信系统、数字指挥系统、抗干扰通信设备及应急通信设备等类别选取了典型实例。

（一）警用信息通信技术项目查新特点

通过查阅和分析 2000~2014 年约 130 份警用信息通信技术项目查新报告，可将这类项目的查新特点归纳整理如下：一是这些年信息通信发展非常快，相关文献较多，当查新项目的产品或技术与相关文献中的产品或技术基本一致时，最终的查新结论可落实在该产品或技术是否用于公安领域中。二是因目前警用通信设备大多数为国内产品，其名称通常与国外同类产品名称有差别，因此检索国外文献前应先做好联机前的准备工作。通过对产品技术的了解以及预检，找准与中文检索词匹配的英文词，特别要注意缩写和简写。为保证查新的查全率，尤其是对于最新开发的新设备和技术，在其他途径查不到的情况下，可借助馆藏产品资料进行补充查询。三是注重国际联机系统及文档的选择和检索技巧。国际上著名的联机系统

DIALOG、STN、ESA 等都有一些内容涉及通信工程技术的文献库，可以比较这些文献库的功能、便利性和费用，从而进行筛选利用。

（二）警用信息通信技术项目查新检索资源

根据警用信息通信领域涉及的范围，公安科技查新机构常用的警用信息通信技术检索数据库和期刊包括：《通信学报》、《信息安全与通信保密》、《通信管理与技术》、《警察技术》、Telecommunications Weekly（《美国电信周报》）及 Computers, Networks & Communications（《美国网络通信技术杂志》）等期刊的机检电子文献库，《公安科技成果公报》、公安内部科研项目资料、中国国际警用装备博览会的产品资料等，以保证相关查新项目的查全率和查准率。警用信息通信文献检索资源包含机检电子文献资源和手检资源，如下所示：

1. 机检电子文献资源库

（1）中文数据库：

序号	数据库名称	收录时间范围
1	中国学术会议论文数据库	1986—
2	中文科技期刊数据库	1989—
3	中国学位论文数据库	1989—
4	中国计算机文献数据库	1995—
5	中国科技成果数据库	1983—
6	中国专利数据库	1985—

（2）外文数据库（DIALOG 国际联机检索系统）：

序号	数据库名称	收录时间范围
1	INSPEC（英国科学文摘）	1898—
2	NTIS（美国政府报告文摘数据库）	1964—
3	Ei Compendex ®（美国工程索引）	1884—
4	Sci Search（科学引文索引联机版数据库）	1990—
5	ProQuest Dissertations and Theses Professional（Proquest 学位论文）	近期
6	ProQuest Newsstand Professional（全球性新闻与商业信息数据库）	近期
7	ABI/INFORM ® Professional Advanced（商业信息数据库）	1971—

2. 手检资料

序号	资料名称	收录时间范围
1	《公安科技成果公报》（内部资料）	1990—
2	中国国际警用装备博览会产品资料	2002—
3	Jane's Defence Weekly（《简氏防务周刊》）	1990—

（三）警用信息通信技术项目查新典型实例

1. 警务通信系统项目查新实例

项目名称	集群通信车载基站系统
科学技术要点	本项目研制的集群通信车载基站系统采用越野机动车载底盘加载350MHz TETRA数字集群基站，配置静止通信天线和“动中通”天线，以及综合通信平台“ACU-M”，实现在全天候及全地域、静止及运动状态、联网（广区）及脱网（单站）状态下快速组网通信，集群电台与边防VOIP专线电话、市话可双向互拨，以及集群电台、超短波常规电台、短波电台的汇接和调度。该系统可通过卫星链路与边防武警既有的数字集群交换控制中心互联，可实现联网下的广区集群功能（联网通信）。为保障车载各设备的正常工作，车辆配备UPS不间断电源、车载取力发电机组及市电输入插座（静止工作时，在条件允许的情况下可引入市电供电）等供电手段。为增强集群基站车的作战能力，该车还携带了20部车载数字集群车台和数字集群手持台，便于在各种勤务现场迅速搭建无线通信网络。
查新点	1. 采用了Dimetra IP平台； 2. 每辆集群通信车内设TETRA车载基站MTS2一套，具备集群通信各种功能； 3. 通过语音调度平台，集群电台、常规电台、短波电台、边防VOIP专线电话、市话实现汇接、调度。

续表

关键词	集群通信、TETRA、Dimetra、车载、移动
检索式	主题=集群通信 and（TETRA or Dimetra）and（车载 or 移动）
查新结论	本次检索，利用上述检索式机检和手检了上述国内数据库和纸质资料，并搜索了互联网上的信息，共查得国内8篇相关文献与产品报道，均为支持TETRA的话音和数据业务的集群通信系统，并具有卫星定位等功能，配备手持台、车载台等相关附件。其中，“Dimetra数字集群通信系统”（摩托罗拉公司）和《上海公安全IP平台的Dimetra数字集群系统及其应用》（移动通信，2008）采用了Dimetra IP平台。 经本次对国内公开发表的文献进行检索，未见“通过语音调度平台，集群电台、常规电台、短波电台、边防VOIP专线电话实现汇接、调度”的相关研究报道。

2. 数字指挥系统项目查新实例

项目名称	数字巡防 GPS 指挥系统
科学技术要点	本项目基于 GIS 警用地理信息系统的地图引擎，应用 GPS/LBS 等多种定位技术，整合打防控信息主干应用系统、110 接处警平台、派出所应用平台、治安动态监控平台、无线通信系统、警务短信平台等各大系统功能进行开发，实现警情研判、实时指挥、巡逻跟踪、轨迹回放、巡区设定、路线规划、设备交接、短信通知等各项功能。
查新点	1. 450M 无线通信专网的频率捷变数据传输技术，使语音与数据传输互不干扰； 2. Open Layers 地图标注脚本语言在 GIS 地理信息系统中的应用； 3. Ajax WEB 2. 0 技术的应用。
关键词	巡防、警务、指挥、GPS（卫星定位系统）、GIS（地理信息系统）、Open Layers（地图标注脚本语言）、Ajax WEB、通信
检索式	主题=（巡防+警务）* 指挥 *（GPS+卫星定位+GIS+地理信息+Open Layers+Ajax WEB+通信）

续表

查新结论	本次检索，利用上述检索式机检和手检了上述国内数据库和纸质资料，并搜索了互联网上的信息，共查得 7 篇相关系统的报道，均是通过计算机通信技术、图像技术、GPS 和 GIS 等技术实现报警、接警、处警、反馈、统计等要求的指挥系统，但未涉及 450M 无线通信专网的频率捷变数据传输技术、Ajax WEB 2.0 技术以及 Open Layers 地图标注脚本语言等技术内容。 经本次对国内公开发表的文献进行检索，未见基于 GIS 警用地理信息系统，整合打防控信息主干应用系统、110 接处警平台、派出所应用平台、治安动态监控平台、无线通信系统、警务短信平台等各大系统功能，并采用“Open Layers 地图标注脚本语言、Ajax WEB 2.0 技术、450M 无线通信专网的频率捷变数据传输技术”的 GPS 指挥系统的有关报道。

3. 抗干扰通信设备项目查新实例

项目名称	警用双向数字通信系统
科学技术要点	本项目研究的警用双向数字通信系统的技术要点： 1. 可以通过 PC 端软件对 DPR200 终端进行设置，包括升级和查询 DPR200 设备的字体库和 DSP 固件程序；采用 USB 通信，可随机生成 SEA 密钥对通信进行加密，每次生成不可复制；可设定开机密码、姓名等设备参数；具有自动批量生成的功能。 2. 采用 3GPP 定义的 AMR 声码器技术和频域 VAD 检测方式，并且利用自适应滤波算法实现回声消除，从而达到恶劣环境下的低包率、在较低的呼损率下达到很高的用户容量，抑制手持机扬声通话时的回声干扰。 3. 采用 TDMA 提高整体系统容量，减少冲突；采用 FMDA 提高载波利用率，增加系统容量，减少干扰；采用 CDMA 保密性好，抗干扰能力强，抗衰落能力强；采用自适应同步技术，调整 TDMA 同步时序，使整个系统保持同步状态；采用 SEA 码和主动式跳频，提高系统的保密性。 4. 采用多重安全措施来设计产品的安全性：通过 6 位权限密码对通播与小范围组网的权利进行控制；同一网络内的每个终端具有相同的 PN（伪随机码）码，采用 CDMA 技术。
查新点	1. 采用基于 2.4GHz 的扩频与跳频技术，多址全双工，具有自组网、无中心的特点； 2. 基于 2.4GHz 全数字的通信系统，可以进行数字加密； 3. 采用频域回声消除算法。

续表

关键词	数字通讯、数字通信、数字加密、回声消除、扩频、跳频、全双工、自组网
检索式	主题=（数字通讯 or 数字通信 or 数字加密）and（扩频 or 跳频 or 全双工 or 自组网 or 回声消除）
查新结论	本次检索，利用上述检索式机检和手检了上述国内数据库和纸质资料，并搜索了互联网上的信息，共查得国内 7 篇相关文献与产品报道。其中，北京今科三同科技发展有限公司研发的 DPR200 数字全双工无线对讲系统为数字全双工通信系统，采用 2.4G 扩频与跳频技术，具有自由组网、无中心的特点，可进行多址双向通信；另有 4 篇相关文献分别报道了 2.4GHz 无线可视双向对讲系统和 2.4GHz ISM 频段的无线传输系统的设计方案，其余文献主要研究了 2.4GHz 无线通信系统的电磁环境分析与安全测试方法。 经本次对国内公开发表的文献进行检索，未见采用“频域回声消除算法”和“可以进行数字加密”的警用双向数字通信系统的研究报道。

4. 应急通信项目查新实例

项目名称	基于无线数字集群的应急指挥调度综合应用系统
科学技术要点	本项目包括 TETRA 数字集群系统，以及基于数字集群系统开发的 11 个子系统。该系统基于 TETRA 数字集群系统研发了封装—注册技术和 COM 组件接口，实现了与现有公安指挥中心业务系统的无缝集成，减少了指挥层级，达到快速出警和精确出警的效果。
查新点	1. 快速联动点击指挥； 2. 多用户、多功能、多业务指挥调度联动中心； 3. 基于 TETRA 终端的移动警务应用。
关键词	集群、TETRA、指挥、调度、公安、警用
检索式	主题=集群 and TETRA and（指挥 or 调度）and（公安 or 警用）

续表

查新结论	本次检索，利用上述检索式机检和手检了上述国内数据库和纸质资料，并搜索了互联网上的信息，共查得国内 6 篇相关文献。 其中，前 3 篇相关文献为本查新项目的相关报道，介绍了基于 350M TETRA 技术的深圳市应急指挥数字集群移动通信系统。另 3 篇相关文献分别研究了上海市公安 800M 数字集群移动通信系统和广东省公安 350M 无线通信指挥调度网，前者利用公安 350MHz 频段中 2 个连续信道的 50kHz 带宽，运用 MDS 数据压缩技术，构建了无线传输数据链路，集调度、呼叫、无线电话、短数据、分组数传于一体；后者主要研究在广东省内进行公安 350M 无线通信常规组网，并通过微波、有线、450M 无线等链路将多个中转台连接起来，解决跨区域协同作战时的指挥调度问题。 经本次对国内公开发表的文献进行检索，在查得的相关系统中，未见具有“快速联动点击指挥”功能的应急指挥调度综合应用系统的相关研究报道。

第四部分　公安科技查新相关信息

一、用户快速办理公安科技查新业务须知

为提高查新工作效率、缩短项目查新周期，用户应在短时间内浏览以下须知，以便快速了解和掌握公安科技查新工作的基本知识和办理查新的程序要点。

（一）查新工作流程

公安科技查新工作流程包括五个阶段，即委托查新、受理委托、文献检索、报告编写、文件归档。

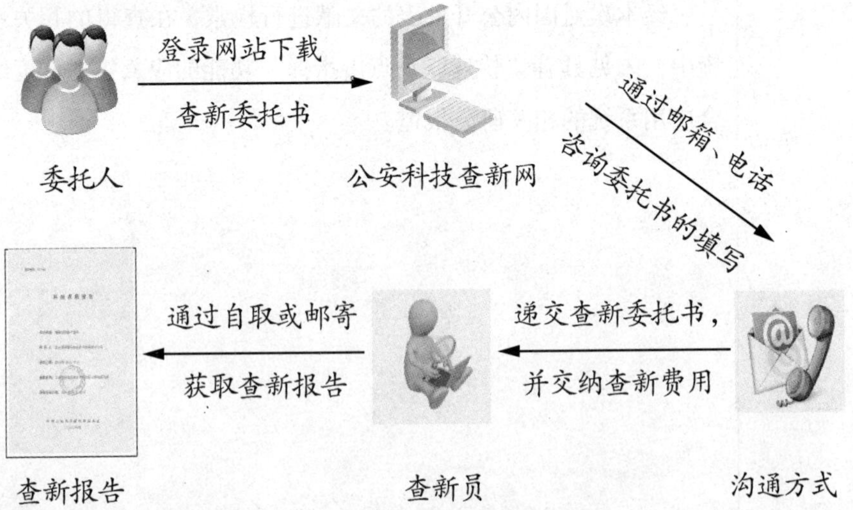

图7　用户办理公安科技查新业务流程

（二）用户应做的七件事

（1）联系公安科技查新机构并下载查新委托书；（2）详细介绍项目技术情况；（3）双方交流后用户填写查新委托书；（4）提交查新委托书及相关技术资料；（5）委托办理后仍有不明事项可补充说明；（6）按照规定交纳查新费用；（7）到期收取查新报告。

（三）有关事项说明

1. 下载查新委托书

查新用户可登录公安科技查新网页面，阅读科技查新业务办理须知，下载电子版查新委托书；也可通过电话、电子邮件，向公安科技查新机构——公安部科学技术信息研究所（以下简称信息所）索取查新委托书。

2. 填写查新委托书

用户可向查新人员咨询如何填写查新委托书、收费标准、出具报告日期等事宜。

3. 提交查新委托书等材料

用户可通过邮件、快递、面交等方式，将查新委托书及相关技术材料寄送至信息所。应注意，用户递交查新委托书等材料后，一定要主动与查新人员确认，以防资料遗失或未至，影响查新工作进行。

4. 交纳查新费用

根据国家有关规定，科技查新工作为有偿服务，查新机构会根据查新检索范围、查新点和加急要求的不同而收取不同的查新费用。因此，查新人员应向用户介绍清楚查新费用情况，并在收到查新委托书及查新费用后开始查新工作。

5. 获取查新报告

公安科技查新机构须在规定的时间内出具正式查新报告，并通过电子邮件、电话告知用户。用户届时可以索取查新报告，索取方式有以下两种：（1）自取：用户直接到信息所科技查新室，当面索取查新报告。（2）邮寄：由信息所以快递或机要形式将查新报告邮寄至用户指定地点。

6. 公安科技查新机构的通信联系方式

公安科技查新机构名称：公安部科学技术信息研究所

通信地址：北京市海淀区首都体育馆南路1号

联系电话：010-68773726　010-68773731

电子邮箱：gachaxin207@163.com

公安科技查新网址：http://cx.ga.net.cn/

7. 交费须知

信息所在收到查新款项后，为交费单位开具发票。查新费用交纳方式有现金、支票或汇款支付三种。

（1）现金或支票：用户直接到信息所缴费。

（2）银行汇款：用户通过银行转账。账户信息如下：

单位名称：公安部科学技术信息研究所

开户行：中国工商银行北京百万庄支行

账号：0200001419024907016

汇款备注：查新费、查新报告编号

另注：信息所除可承担上述查新业务外，还可开展定题服务、原文索取、检索证明、中英文翻译等业务，具体可通过上述联系方式咨询。

二、公安科技查新委托书和查新报告结构解析

科技查新委托书和科技查新报告是公安科技查新工作中最为关键的两份文件，其样式由国家科技部统一制定。了解和掌握这两份文件并严格按规定填写相关内容是保证公安科技查新工作顺利进行的基础（见图例一和图例二）。为此，本部分通过典型实例结构解析的方式，详细介绍了这两份文件的具体内容和填写注意事项，以期为读者准确理解和正确填写文件内容提供力所能及的帮助。

图例一

委托书编号，其中2014代表委托年份，036代表2014年委托顺序编号，用户不填。

科 技 查 新 委 托 书

编号：2014- 036

查新项目的名称，包括中英文名称。如果是国内外查新，查新项目的中英文名称必须填写；如为国内查新，可不填英文名称。

查新项目名称		中文：警用防护装备效能评价技术		
		英文：Technology for the evaluation of the effectiveness of police protective equipment		
委托单位	名　称	×××研究所		
	通信地址	北京市海淀区××路××号		邮编：100000
	项目负责人	×××	电话：×××	传真：×××
	联系人	×××	电话：×××	传真：×××
	E-mail	xx@qq.com ；xx@163.com		

查新委托单位的信息，包括委托单位的名称、通信地址、项目负责人及联系人的联系方式（手机、固话及邮箱），以便及时沟通查新报告进度、缴费、开具发票及报告邮寄等查新事宜。

查新目的

1. □ 科技成果鉴定
2. □成果申报国家级、省部级奖励
3. □新产品开发论证
4. ■项目验收
5. □申请创新基金
6. □引进国外先进技术
7. □申请国家重点新产品计划
8. □其他（请注明）________

查新目的，指报告的用途，可选择常用的查新目的，如科技成果鉴定或成果申报国家级、省部级奖励。如果已罗列的查新目的不能满足需求，则在“其他”中注明，在横线上填写。此例的查新目的为项目验收。

查新范围

□ 国内查新　　■ 国内外查新

查新范围：根据委托人的查新要求，勾选国内/国内外查新。如申请国家级或省部级奖励、重大项目验收或博士点基金，需勾选国内外查新；申请中小企业创新基金等，通常为国内查新。此例为国内外查新。

查新项目的科学技术要点(着重简要说明查新项目的主要科学技术特征、技术参数或指标、应用范围和国内外背景情况)

除括号中罗列的内容外，科学技术要点也可从以下四个方面撰写：（1）研究目的与意义；（2）研究内容；（3）拟/已解决的关键问题；（4）项目的特色与创新之处。建议委托人采用“本项目采用××技术解决了/拟解决××问题的句式来描述科学技术要点，字数控制在300~500字。

项目简介：以仿真人体模型为基础，围绕警用防护装备的效能评价，建立警用防护装备评价平台，运用假人测试系统、数值模拟系统、高速运动分析系统、数据采集系统、冲击试验系统、弹道实验系统、爆炸实验系统七个系统，研究防暴、排爆、防弹三大类警用防护装备效能评价方法，针对动能打击、爆炸冲击、高速撞击等外力所带来的钝伤、非贯穿性伤害以及冲击伤，对警用防护装备的防护能力进行定量化测试，比较同类防护装备的效能差异性，推定人体头部、颈部、胸部的损伤情况。

查新点（从科学技术要点中提取，力求准确、简明扼要地体现项目技术创新点。查新点一经确定，请勿随意更改）

查新点的内容需要概括、精练、简洁，把项目最具精华、最具特色的地方（即有别于他人研究内容的技术、方法或者应用范围等）写出来，最好控制在2小点100字以内。切忌出现“国内先进”、“国际先进”、“首创”等评价词语。

1. 以仿真人体模型为基础的防护装备的效能评价方法；
2. 仿真人在防护装备领域的应用。

*中文关键词	*英文关键词
1. 警用装备器材	1. police equipment
2. 防护装备	2. protective equipment
3. 仿真人、假人/人体模型	3. dummy/ anthropomorphic mannequin
4. 效能评价、效能评估	4. evaluation of the effectiveness
5. 防暴服/防暴头盔	5. personal protective equipment (PPE) for blunt trauma, anti-riot suit/anti-riot helmet
6. 排爆服/排爆头盔	6. explosive ordnance disposal suit(EODs), bomb disposal suit, public safety bomb suit, bomb suit/bomb disposal helmet
7. 防弹衣/防弹头盔	7. ballistic resistant body armor, ballistic helmet

提供项目中的主题词、关键词、同义词、缩写、全称、化学名称、分子式、专利号等比较重要、出现频率高的词。切忌写上句子或一段长话。如是国内外查新，须填写英文关键词。

名称和术语的解释：

委托人可选填一些特定领域的名词、术语进行解释说明，以便于查新人员更加准确、快速地理解项目内容。

仿真人：Hybrid III型仿真人，是一种能较为忠实模拟真人身体的设备。Hybrid III型仿真人广泛应用于汽车碰撞、航空试验等领域，近年来逐渐被应用于防护装备评价领域。在仿真人的身体上，遍布着数十个传感器，最多可以为180多个信道提供数据，并以每秒2000次的速度刷新数据。Hybrid III型仿真人，能够真实地进行身体姿势定位以代表防暴、排爆、防弹作业时的姿态，能保持数据处理过程中响应的一致性，保证试验的可度量性、可重复性，从而有效进行数据采集、精确分析损伤、逼真模拟真人特性，准确、稳定、可重复性地对防护装备的防护能力进行评价。

用户提供的项目主要技术文献、公开发表的文章，或参考文献（附出处、年代）目录：

填写委托项目组发表或参考的文献，有助于区分密切相关文献是否与委托单位相关。此例委托人填写的相关文献为1篇项目组发表的文献和1篇参考文献。

1. Draft NIJ bomb suit standard for law enforcement(working draft). NI J standard – 0117.00. U.S.Department of Justice, Office of Justice Programs , National Institute of Justice. 2008.
2. 基于人体模型的单体防护装备防护效能评价方法研究。李剑等：《警察技术》，2014 年第2 期。

提供报告方式

1. 提供报告份数：　　标准（2 份）　加印（ _____ 份）
2. 提交报告方式：　　√自取　　　　邮寄

报告份数：根据委托需求，选择提供报告的份数，查新机构提供2份标准盖章报告，如需加印，则需说明，并另外交费。获取查新报告的方式有两种：
（1）自取：提前与查新机构约定时间，上门自取。（2）邮寄：通过快递或者机要方式邮寄。此例为委托人至公安部科学技术信息研究所自取查新报告。

查新、检索结果提供时间

查新结果（即查新报告）提供时间：指委托人需要拿到查新报告的日期。一般国内报告5个工作日以上，国内外报告10个工作日以上。如急需报告，可按加急办理，具体事宜与查新机构联系说明。此例为正常日期内出具报告。

查新：□国内　　（5 个工作日以上）
　　　■国内外（10 个工作日以上）

查新加急：
　　　□国内　　（5 个工作日之内）
　　　□国内外（10 个工作日之内）

检索：□国内　　（5个工作日）
　　　□国内外（10个工作日）

填表日期：××年××月××日

部门领导签字__________
单 位 盖 章__________

查新、检索单位：公安部科学技术信息研究所
E-mail：gachaxin207@163.com
电话：010-687733726　010-68773731
网址：http://cx.ga.net.cn/
地址：北京市海淀区首都体育馆南路1 号

查新检索机构的名称、通信地址、联系方式和网址：委托人可通过邮箱发送委托书，或通过电话、网站咨询具体查新事宜。

图例二

报告编号：2014–036

查新报告编号，其中2014代表委托年份，036 代表2014 年查新委托顺序编号。

科 技 查 新 报 告

项目名称： 警用防护装备效能评价技术

委托单位： XXX

委托日期： XX年XX月XX日

查新机构： 公安部科学技术信息研究所

查新完成日期： XX年XX月XX日

显示查新委托项目的名称、委托单位名称、项目委托日期、查新机构名称及报告完成日期。

在报告封面底部有“中华人民共和国科学技术部”、“二〇〇〇年”制字样，是指科技部于2000年颁布的科技查新报告规范格式，与查新委托年份无关。

中 华 人 民 共 和 国 科 学 技 术 部

二〇〇〇年制

查新项目的中英文名称。

显示查新机构概况，包括查新机构名称、地址、联系人及联系方式。

<table>
<tr><td rowspan="2">查新项目名称</td><td colspan="7">中文：　警用防护装备效能评价技术</td></tr>
<tr><td colspan="7">英文：　Technology for the evaluation of the effectiveness of police protective equipment</td></tr>
<tr><td rowspan="4">查新机构</td><td>名　称</td><td colspan="6">公安部科学技术信息研究所</td></tr>
<tr><td>通信地址</td><td colspan="3">北京首体南路一号
新科研楼607室</td><td>邮政编码</td><td colspan="2">100048</td></tr>
<tr><td>联系人</td><td>×××</td><td>电话</td><td>010-68773726</td><td>传真</td><td colspan="2">010-68775385</td></tr>
<tr><td>电子信箱</td><td colspan="6">gachaxin207@163.com</td></tr>
</table>

一、查新目的（成果、专利、立题或立项）

项目验收。

显示查新委托的用途。此例查新目的为项目验收。

二、查新项目的科学技术要点

查新人员会根据委托书的内容，结合检索的资料和自身查新经验，凝练查新科学技术要点。

以仿真人体模型为基础，围绕警用防护装备的效能评价，建立警用防护装备评价平台，运用假人测试系统、数值模拟系统、高速运动分析系统、数据采集系统、冲击试验系统、弹道实验系统、爆炸实验系统七个系统，研究防暴、排爆、防弹三大类警用防护装备效能评价方法，针对动能打击、爆炸冲击、高速撞击等外力所带来的钝伤、非贯穿性伤害以及冲击伤，对警用防护装备的防护能力进行定量化测试，比较同类防护装备的效能差异性，推定人体头部、颈部、胸部的损伤情况。

三、查新点与查新范围及要求

查新人员会根据委托书的内容，结合检索的资料和自身查新经验，凝练查新点。

查新点：

1. 以仿真人体模型为基础的防护装备的效能评价方法；
2. 仿真人在警用防护装备领域的应用。

查新范围与要求：

将查新项目与检索出的国内外相关文献进行对比分析，证明有无相同或类似的文献报道。

四、文献检索范围及检索策略

查新人员在委托人提供的关键词的基础上，补充、扩展、规范检索用词，编制中英文检索式，以全面、准确获取可比较的公开文献。

关键词： 警用装备、防护装备、仿真人、假人、Hybrid III、效能评价、效能评估、防暴服、防暴头盔、排爆服、排爆头盔、防弹衣、防弹头盔

police equipment、protective equipment、dummy 、Hybrid III、evaluation 、estimate、assess、appraise、anti- riot、explosive、bomb、bulletproof、mannequin、ballistic、suit、armor、helmet

检索式： 1. t,k = (警用装备+防护装备+（排爆+防弹+防暴）*（服+头盔+衣))*(仿真人+ 假人+ Hybrid III + 评价+评估)

2. ti,ab ((police or protective) p/0 equipment? Or (anti p/0 riot or explosi* or bomb or bullet p/0 proof or ballistic) and (suit? or arm$2r or helmet? or vest?)) and ti,ab (dummy or mannequin or "Hybrid III" or evaluat* or assess* or estimat* or apprais*)

联机检索的国内外数据库：

查新检索用到的中英文数据库，中文包括万方、知网、维普等文献数据库，英文主要采用Dialog数据库。

1. 维普中文科技期刊数据库　　1989年至今
2. 万方数据资源系统：
中国学位论文库　　1989年至今
中国科技成果数据库　　1981年至今
中国学术会议论文数据库　　1986年至今
3. 中国期刊全文数据库（中国知网CNKI）　　1994年至今
4. 中国专利数据库　　1985年至今
5. Dialog 数据库：
Mechanical & Transportation Engineering Abstracts
ProQuest Advanced Tech & Aerospace Professional
NTIS: National Technical Information Service (1964 –current)
ProQuest Dissertations and Theses Professional
ProQuest Biological & Health Science Professional
ProQuest Environmental Science Professional

手检：

公安科技成果公报（2000 —2013）

手检资料包含公安内部刊物（如《公安科技成果公报》）、警用产品资料集等。

五、检索结果

检索结果，是查新人员通过检索策略，在互联网及手检资料中检索出与查新项目研究内容、使用技术方法、应用范围等相似的文献（即密切相关文献与一般相关文献）。
检索到的相关文献罗列方式，包括作者、文献名、发表刊物、发表时间、页数以及与查新项目相关的文献摘要。

1. 李剑，王远途，唐剑兰等.基于人体模型的单体防护装备防护效能评价方法研究[J].警察技术，2014，02:68–71.

设计了基于半身人体模型的评价方案，应用模型进行爆炸冲击波测试，验证了方案的可行性；揭示了炸药当量、作用距离与爆炸冲击之间的关系，量化了防护装备对冲击的衰减作用；进一步提出了对基于Hybrid III型假人评价方法开展研究的必要性。

2. 何昌见，钟鑫. 排爆防护装备防护效能评价技术研究[J]. 中国个体防护装备，2013，05:14–17.

针对目前我国公安系统安检排爆特警所使用的各种排爆防护装备的防护效能评价问题进行研究，分析了不同排爆防护装备的防护性能指标，根据不同的排爆防护装备提出了多种防护性能的评价技术，并以两种主要的排爆防护装备——排爆服、排爆罐为例，重点研究并提出了其防护效能的评价方法。

3. 唐剑兰，王远途，何湘.排爆个人防护装备——PBF–SD01型排爆服[J]. 警察技术，2014，03:68–75.

阐述了国内外排爆个人防护装备产品、专利与标准及排爆服的性能评价研究进展，介绍了一种排爆个人防护装备——PBF–SD01型排爆服的研制开发情况。

4. 张洪峰. 防化兵个人防护装备评价指标体系研究[J]. 科技信息(学术研究)，2008，03:364–365.

根据防化兵个人防护装备的特点，依据评价指标体系构建的一般原则，通过广泛的调查研究和专家咨询，并借鉴国内其他军种的一些研究成果，在此基础上，经过多次反复修改、补充与完善，归纳出个人防护装备评价指标体系的25个指标，为个人防护装备的效能评估提供参考。

5. 王雷，黄献聪. 防弹衣安全性能评估方法[J]. 警察技术，2011，02:16–17.

总结防弹衣安全性能评估方法，采用防弹衣安全性能评估方法进行评估试验，以科学正确评估防弹衣的使用安全性。

6. 谌玉红. 基于燃烧假人技术的服装阻燃防护性能测试评价系统[J]. 纺织导报，2011，09:138–140.

建立了“单兵装备阻燃防护性能测试实验室”，为阻燃材料研发、服装及装具的结构款式设计以及装备的整体阻燃防护性能评价提供技术支撑。

7. 谈诚，张春林，郑亮. 冲击力作用下人体动态响应变化[J]. 机械工程学报，2006，S1:161-164.

为研究人体在不同冲击力作用下的动态响应过程，选择合适的人体力学模型是关键。使用ADASM软件创建的仿真人体模型以及Hybrid Ⅲ仿真假人，对人体在冲击力作用下的动态响应进行仿真，并对其可靠性进行评估。

8. 周昊，黄其青，何才富等. 航空座椅动态冲击仿真方法研究[J]. 机械设计与制造，2007，07:66-68.

以航空座椅和仿真假人为研究对象，建立座椅有限元模型和Hybrid Ⅱ型假人多刚体系统模型，采用动态大变形非线性有限元分析技术和多刚体动力学方法，模拟了航空座椅和假人在冲击中的响应过程，评估了航空座椅结构的动态冲击性能，并与试验结果进行了对比分析，验证所建的正确性。

9. Chichester Charles, Bass Cameron, Boggess Brian,et.al.A test methodology assessing demining personal protective equipment (PPE). Star 45.1(22 Jan. 2007).

评估五种商业化可用的个人防护装备（PPEs），这些套装代表了一系列材料和装甲质量。PPEs提供各种领域的头、颈部、胸和四肢全覆盖。采用Hybrid III假人，所有仪器都采用生物力学替代品，与真人极其相似。

10. Hutchings M, Sharkey T, Wessel A, et.al. Public Safety Bomb Suit Standard. NIJ standard- 0117.00. National Technical Information Service (Mar 2012).

该标准是认证公共安全炸弹的技术人员在执行安全处理程序和处置活动时使用的排爆服（bomb suits）性能标准，它定义了性能要求和用于测试性能的方法。

11. Bass C, Davis M, Rafaels K, et .al. A Methodology for Assessing Blast Protection in Explosive Ordnance Disposal Bomb Suits. International Journal of Occupational Safety and Ergonomics 11.4(2005):347-361.

针对0.227公斤和0.567公斤的C-4炸药，采用Hybrid III假人测试，评确定四种商业化的排爆服（bomb suits）对头、颈部和胸部提供的保护等级。

12. Humanitarian mine action (HMA). Personal protective equipment (PPE). Test and evaluation. European committee for standardization. Dec, 2007.

研究对于模拟真人排雷行动的个人防护设备的实验和评估。

六、查新结论

> 查新结论：查新人员通过分析、对比已检出的相关文献，针对查新点逐一比较分析，得出项目是否具有新颖性的结论，但不会涉及水平评价。

本次检索，利用上述检索词和检索式，机检并手检了上述国内外数据库、互联网信息和中文检索工具书，查到国内外有关“警用防护装备效能评价”研究内容的相关文献数十篇，本报告仅列出上述12 篇主要相关文献，通过对检索到的相关文献进行分析对比，可以得出以下结论：

在国内已公开发表的中文文献中，除查新委托单位发表的有关防护装备的效能评价文献[1-3]外，有文献构建防化兵防护装备评价指标体系[4]、总结防弹衣安全性能评估方法[5]，但未涉及以仿真人体模型为基础的防护装备的效能评价方法。也有文献建立基于假人技术的服装阻燃防护性能测试评价系统[6]，基于Hybrid Ⅲ、Hybrid Ⅱ仿真假人研究冲击力作用下人体动态响应过程[7-8]，但未涉及仿真人在警用防护装备领域的应用。在国外已公开发表的外文文献中，已有文献研究利用假人/Hybrid Ⅲ仿真假人评估个人防护装备PPEs（包括防暴服、排雷装备等）的方法、标准[9-12]。

综上所述，经本次对国内外公开发表的文献进行查新检索，所查得的“警用防护装备效能评价”报道中，除查新委托单位发表的相关文献及国外文献报道外，未见提及“以仿真人体模型为基础的防护装备的效能评价方法”、“仿真人在警用防护装备领域的应用”的国内研究。

查新员（签字）： ××× **查新员职称：** 工程师

审核员（签字）： ××× **审核员职称：** 副研究员

> 该查新项目的查新员和审核员在检索、复核完成查新报告后，需要在此处签字。同时，会显示查新员和审核员的职称。

××年××月××日

> 查新报告的完成日期。

七、查新员、审核员声明

> 查新员和审核员的声明，表明其在查新过程中秉承客观公正的态度撰写查新报告，与获取的报酬无关。

（1）报告中陈述的事实是真实和准确的。

（2）我们按照科技查新规范进行查新、文献分析和审核，并做出上述查新结论。

（3）我们获取的报酬与本报告中的分析、意见和结论无关，也与本报告的使用无关。

查新员（签字）：×××　　　　审核员（签字）：×××

××年××月××日　　　　××年××月××日

八、附件清单

> 附件清单主要包括密切相关文献的题目、出处以及原文复制件。如无，可不列。

九、备注

三、公安科技查新委托书和查新报告样式

科技查新委托书

编号：

<table>
<tr><td colspan="2" rowspan="2">查新项目名称</td><td colspan="3">中文：</td></tr>
<tr><td colspan="3">英文：</td></tr>
<tr><td rowspan="5">委托单位</td><td>名称</td><td colspan="3"></td></tr>
<tr><td>通信地址</td><td colspan="2"></td><td>邮编：</td></tr>
<tr><td>项目负责人</td><td></td><td>电话：</td><td>传真：</td></tr>
<tr><td>联系人</td><td></td><td>电话：</td><td>传真：</td></tr>
<tr><td>E-mail</td><td colspan="3"></td></tr>
<tr><td colspan="5">查新目的
1. □科技成果鉴定
2. □成果申报国家级、省部级奖励
3. □新产品开发论证
4. □项目验收
5. □申请创新基金
6. □引进国外先进技术
7. □申请国家重点新产品计划
8. □其他（请注明）______</td></tr>
<tr><td colspan="5">查新范围
□国内查新　　□ 国内外查新</td></tr>
<tr><td colspan="5">查新项目的科学技术要点（着重简要说明查新项目的主要科学技术特征、技术参数或指标、应用范围和国内外背景情况）</td></tr>
</table>

查新点（从科学技术要点中提取，力求准确、简明扼要地体现项目技术创新点，查新点一经确定，请勿随意更改）

＊中文关键词	＊英文关键词
1	1
2	2
3	3
4	4
5	5
6	6
7	7
8	8

名称和术语的解释：

委托人提供的项目主要技术文献、公开发表的文章，或参考文献（附出处、年代）目录：

<table>
<tr><td colspan="2">提供报告方式

1. 提供报告份数：标准（2 份）　加印（　份）
2. 提交报告方式：□自取　　　□邮寄</td></tr>
<tr><td>查新、检索结果提供时间</td><td>查新：□国内（5 个工作日以上）
□国内外（10 个工作日以上）
查新加急：
□国内（5 个工作日之内）
□国内外（10 个工作日之内）

检索：□国内（5 个工作日）
□国内外（10 个工作日）</td></tr>
<tr><td>填表日期：　年　月　日</td><td>部门领导签字__________
单 位 盖 章__________</td></tr>
<tr><td colspan="2">查新、检索单位：公安部科学技术信息研究所
E-mail：gachaxin207@ 163. com
电话：010-687733726　010-68773731
网址：http://cx. ga. net. cn/
地址：北京市海淀区首都体育馆南路 1 号</td></tr>
</table>

委托书填写说明

1. 项目名称：查新项目的中文名称和英文名称（国内范围的查新检索无须填写英文名称，国内外范围必须填写英文名称）。“查新、检索项目委托书”提交后，一旦查新工作正式开始则不能改动，如查新完成后提出改动，则需重新申请办理查新，并交纳相关费用。

2. 委托单位和委托人：一般指项目负责人或项目的主要成员和其所在单位，委托单位名称、委托人姓名、联系方式（含手机、座机、电子邮件地址、单位地址、邮政编码等）应确认无误。

3. 科学技术要点：简明扼要写清项目或发明的主要内容，字数在500字以内，对各种目的的查新，在写法上要有所侧重：

（1）立项：应概述项目的国内外背景，拟研究的主要科学技术内容，要研究解决哪些问题、达到什么具体目标（指标）和水平。

（2）成果鉴定或项目验收类：应简略说明项目的研究背景，介绍项目的主要科学技术特征，已完成项目与现有同类研究、技术、工艺相比所具有的新颖性所在，主要创新点，体现项目科学技术水平的数据和量化指标。

（3）科学研究类项目：应简要地说明项目所在领域的背景、发展趋势，阐明研究的意义、学术水平、主要创新和优点。

（4）开发类项目（产品、技术）：应简述其用途、功能，介绍能反映其技术水平的主要工艺（技术组合）、成分、性能指标等数据，与国内外同类产品的参数对比，项目已达到的规模（小试、中试、工业化生产）及效益。

（5）申报科技成果奖励项目：应说明项目的国内外背景、基本原理和技术指标，与同类研究相比项目达到的水平。

4. 查新点：通常是指技术要点中要求查证新颖性的部分，即体现该项目新颖性的全部技术创新点。查新点一般从技术要点中提取，或者是技术要点中技术关键的全部，但不要把查新项目中的一般性技术特征列为查新点（必要时，可请咨询专家协助对项目的某些查新点进行判断）。

查新点是查新人员拟订检索词和制订检索策略乃至对比分析和判断新颖性的依据，写法上要精练明确、条理清楚。对委托人有多个新颖性查证要求的项目，要以1、2、3来标记查新点，逐条列出，每条50字以内。查新点大于3点以上，请与查新机构及时联系，共同商讨列出多个查新点的必要性，以便在查新结论中分别针对每个查新点作新颖性判断。撰写查新点避免从论文和报告上全文复制粘贴，或者充斥大量广告用语和冗长词汇。

5. 关键词、国际专利分类号：需详细提供中、英文主题词（含规范词、同义词等），“国家发明奖”的查新项目还需提供国际专利分类号。主题词的来源应从项目的专业文献惯用词中进行选择，不能单纯地从一般字典中查找，切忌罗列语句。查新员对委托人提供的主题词进行复核，需要时由双方商定。

6. 检索范围：请明确查新范围，国内或者国内外。

7. 查新结果提供形式：应说明是提供“科技查新报告”，指明完成期限。国内外查新：一般为10个工作日；国内查新：一般为5个工作日 。因查新需求量较多，查新报告完成时间由委托人和查新机构协商约定，请委托人提前联系预约。

8. 查新报告目的：请在相应项目处勾出查新报告的目的（最多不超过2项）。例如，勾选科技成果鉴定，则表明该项目的查新报告用于科技成果鉴定。

9. 请委托人提供一套能较详细描述本项目（发明）的技术资料，

如研究工作报告（总结）、技术报告、实验报告、测试报告、委托人报告、鉴定证书；主要参考文献（国内外）以及项目组成员在国内外发表过的有关本项目的文章，并列出题录。

上述有关资料将作为查新检索和分析对比的依据，因而务必请委托人如实提供，查新人员对此负有保密责任。

10. 为使查新取得最佳效果，需要时请委托人与查新人员密切配合，详细介绍本项目的技术背景、主要特征（点）、技术参数和指标，与国内外现有同类技术、结构、工艺、配方的对比和不同处。

11. 查新项目分为研究立项、鉴定、验收等查新，查新侧重点不同。

12. 凡国家发明奖查新项目，委托人除提供上述材料外，还需：

（1）携带上一级主管部门（如委托单位为研究室，应持有院、所科研成果管理部门）的介绍信、推荐文件或已填好的《国家发明奖申报书》，以避免盲目查新，造成人力、财力的浪费。

（2）凡无《国家发明奖申报书》的委托单位，应按申报书规定内容，另行提供下列三方面的书面材料：A. 本发明内容简介；B. 发明的背景：国内外已有的相关技术状况及其存在的问题，本发明采用的主要技术措施及已取得的成效；C. 发明的作用意义：本发明的先进性综述。本发明与国内外已有最优相关技术的综合性能（性状）指标对比。

13. 委托人填写完委托书后，将电子版和纸质版及时提交给信息所。

14. 查新业务属于有偿服务，委托人须在查新委托受理后及时交纳相关费用。

15. 委托人若对查新结论或对查新质量持有不同意见，可在接到查新报告一周内将有关意见及旁证材料提交公安部科学技术信息研究所，由信息所组织有关专家复核。如复核后证明委托人意见正确，则复核费用由信息所负责，否则由委托人承担。

16. 一年以前（含一年）的报告不予补查，只能重新查新。

17. 查新报告因委托单位保管不善损坏或者遗失，需向信息所提出加印要求，费用自理。

报告编号：

科 技 查 新 报 告

项目名称：

委托单位：

委托日期： 年 月 日

查新机构：

查新完成日期： 年 月 日

中华人民共和国科学技术部

二〇〇〇年制

<table>
<tr><td rowspan="2">查新项目名称</td><td colspan="6">中文：</td></tr>
<tr><td colspan="6">英文：</td></tr>
<tr><td rowspan="4">查新机构</td><td>名称</td><td colspan="5"></td></tr>
<tr><td>通信地址</td><td colspan="3"></td><td>邮政编码</td><td></td></tr>
<tr><td>联系人</td><td></td><td>电话</td><td></td><td>传真</td><td></td></tr>
<tr><td>电子信箱</td><td colspan="5"></td></tr>
</table>

一、查新目的

二、查新项目的科学技术要点

三、查新点与查新范围及要求 查新点：   查新范围与要求：
四、文献检索范围及检索策略 关键词：   检索式：   联机检索的国内外数据库：   手检资料：

五、检索结果

六、查新结论

查新员（签字）: 查新员职称:

审核员（签字）: 审核员职称:

年 月 日

七、查新员、审核员声明 （1）报告中陈述的事实是真实和准确的。 （2）我们按照科技查新规范进行查新、文献分析和审核，并做出上述查新结论。 （3）我们获取的报酬与本报告中的分析、意见和结论无关，也与本报告的使用无关。 **查新员（签字）：** **审核员（签字）：** **年 月 日** **年 月 日**
八、附件清单
九、备注

四、公安科技查新常用概念及术语

公安科技查新常用概念及术语，既有科技查新的一般概念，也包含具备公安科技查新业务特点的术语。因此，为方便读者使用本书，现结合公安科技查新业务实践经验和体会，对本书中的概念和术语做出具体说明。以下给出的基本术语释义仅适合于公安科技查新这一特定领域。

（1）科技查新，亦简称为查新，是指查新机构针对查新委托人提供的需要查证其新颖性的科学技术内容，按照《科技查新规范》操作并得出结论。

（2）查新机构，是指具有开展科技查新业务资质的信息咨询机构。

（3）综合性查新机构，通常是指可开展综合性多学科、多领域查新业务的信息机构，一般设在综合性的科技情报部门或公共图书馆，其收藏的信息资源专业门类齐全、类型丰富、载体多样化。例如，中国科学技术信息研究所、上海科学技术情报研究所等。

（4）行业性查新机构，通常是指可开展本行业、本领域查新业务的信息机构，一般隶属于各部委、各行业。例如，工信部电子科技情报研究所、公安部科学技术信息研究所、机械工业信息研究院等。

（5）查新项目，是指被查证的科学技术项目。

（6）查新点，是指需要查证的内容要点，可理解为创新点、新颖点。

（7）新颖性，是指在查新委托日以前查新项目的科学技术内容部分或者全部没有在国内外出版物上公开发表过。

（8）查新委托人，是指提出查新需求的自然人、法人或者其他组织，通常简称委托人，亦称用户。

（9）查新人员，是指参与查新工作的人员，包括查新员、审核员及其他工作人员。

（10）**查新报告**，是指查新机构用书面的形式就其处理的查新事务和得出的结论向查新委托人所做的正式陈述。

（11）**查新委托书**，是指查新委托人和查新机构约定，由查新机构处理查新委托人的查新事务的书面形式。

（12）**委托日期**，是指查新机构正式受理委托人的查新需求的日期。

（13）**查新完成日期**，简称为完成日期，是指查新机构完成并出具查新报告的日期。

（14）**检索**，是科技文献检索的简称，是指从众多科技文献中查找并获取所需信息的过程和方法。

（15）**对比文献**，是指将查新项目的预期（假设）新颖性与检索到的相关文献进行对比，从中筛选出可供查新分析、对比时引用的文献。

（16）**相关文献**，是指与查新项目主题相关的同类项目的有关文献（要注明著者、题目、刊名、年、卷、期、页）。

（17）**密切相关文献**，是指在实质方面与查新项目的主题最为近似的科技文献。

（18）**检索词**，是指用于描述信息系统中的内容特征、外表特征和表达用户信息提问的专门语言的基本成分，是构成检索提问式的最基本的单元。

（19）**检索策略**，是指计算机检索中表达用户检索提问的逻辑表达式，由检索词和各种布尔逻辑算符、位置算符以及系统规定的其他连接组配符号组成。

（20）公安科技查新机构，是指经公安部科技信息化局批准并经国家科技部备案的具有查新资质的机构。由于公安部科学技术信息研究所是公安系统唯一的查新机构，所以公安科技查新机构亦可理解为公安部科学技术信息研究所。

（21）公安科技查新，一般是指公安查新机构针对查新委托人提供的需要查证其新颖性的公安科学技术内容，按照《科技查新规范》和《公安科技查新工作管理制度（试行）》，通过计算机检索和手工检索手段获取相关科技文献，并采用对比分析方法做出待查项目是否具有新颖性结论的一门科技信息服务。

（22）公安科技查新工作，通常是指公安部科学技术信息研究所承担的以公安系统为主，兼顾社会公共安全领域的科技查新检索工作。

（23）公安科技查新服务对象，包括各级公安机关及其所属的科研单位、院校，以及社会公共安全行业的企事业单位等。

（24）公安科技文献，是指以文字、图形、符号、声频、视频等为技术手段，记录公安科学技术知识的一切载体。

五、公安科技查新常用逻辑符号

名称	符号	示例	含义
逻辑与	＊ 或 and	A and B	同时含有概念 A 和 B 的文献
逻辑或	+或 or	A or B	含有概念 A 或 B 的文献
逻辑非	-或 not	A not B	含有概念 A 但不含 B 的文献
位置运算符 with 或 Pre	新：Pre/0 或 P/0 旧：W 或（）	A Pre/0 B	次序固定，相邻之间不能插入任何词
位置运算符 n Words 或 Pre/n	新：Pre/n 或 P/n 旧：（n W）	A Pre/n B	次序固定，相邻之间最多可以插入 n 个词
位置运算符 Near	新：Near/n 或 N/0 旧：（n）	A N/0 B	次序可变、相邻
位置运算符 n Near 或 Near/n	新：Near/n 或 N/n 旧：（n N）	A N/n B	次序可变、之间最多可以插入 n 个词
位置运算符 N/10 或 N/150、 Sentence	新：N/10 或 N/150 旧：（S）	A （S） B A N/10 B	检索词出现在同一句子
位置运算符 N/10 或 N/150、 Field	新：N/10 或 N/150 旧：（F）	A （F） B A N/150 B	检索词出现在同一字段

续表

名称	符号	示例	含义
截词符?	?	bl? ck：表示black、block等词	用于替换某个字词中间或者结尾的任何一个字符
截词符 *	*	* computer：表示computer、micro-computer 等词	在检索词的开头、结尾或中间使用，默认最多可替换10 个字符
截词符$ n 或［ * n］	$ n 或［ * n］	［ * 5］beat：表示upbeat、downbeat、offbeat、heartbeat等词	可替换多达指定字符数的字符，用来表示想截断多少个字符的等效运算符。n 为可替换的最大字符数量

注：表格中的“新”表示现有 ProQuest DIALOG 平台使用的运算符，“旧”表示 DIALOG 老平台使用的运算符。

六、国内部分科技查新机构一览表

表 1　综合性查新机构

序号	机构名称	地址
1	中国科学技术信息研究所	北京市复兴路 15 号 362 室
2	中国科学院国家科学图书馆	北京市中关村北四环西路 33 号
3	国家图书馆	北京市中关村南大街 33 号
4	浙江省科技信息研究院	浙江省杭州市环城西路 33 号
5	云南省科学技术情报研究院	云南省昆明市人民东路 36 号
6	天津市科学技术信息研究所	天津市河西区吴家窑大街 22 号
7	四川省科学技术信息研究所	四川省成都市大慈市路 32 号
8	上海科学技术情报研究所	上海市永福路 265 号
9	陕西省科学技术信息研究所	陕西省西安市雁塔路 99 号
10	山西省科技情报研究所	山西省太原市迎泽大街 366 号
11	山东省科技情报研究所	山东省济南市高新区舜华路 607 号
12	辽宁省科学技术情报研究所	辽宁省沈阳市青年大街 274 号
13	科技部西南信息中心查新中心	重庆市北部新区洪湖西路 18 号
14	江苏省科学技术情报研究所	江苏省南京市龙蟠路 171 号
15	湖南省科技信息研究所	湖南省长沙市八一西路 27 号
16	湖北省科技信息研究院	湖北省武昌洪山路 2 号
17	黑龙江省科学技术情报研究所	黑龙江省哈尔滨银行街 74 号
18	河北省科学技术情报研究院	河北省石家庄市青园街 233 号

续表

序号	机构名称	地址
19	广西科技情报研究所	广西壮族自治区南宁市星湖路24号
20	广东省科学技术情报研究所	广东省广州市连新路171号
21	甘肃省科技查新检索咨询中心	甘肃省兰州市平凉路531号
22	安徽省科学技术情报研究所	安徽省合肥市巢湖路145号

表2　行业性查新机构

序号	机构名称	查新专业范围
1	公安部科学技术信息研究所	警用信息通信、法庭科学、安全防范、火灾科学与消防工程、道路交通管理、警用装备器材等
2	工业和信息化部电子科学技术情报研究所	电子信息产业与技术、军事电子工业
3	中国国家海洋信息中心	海洋经济、海洋管理、海洋安全
4	中国电力科学研究院	输配电及用电工程、电力系统及其自动化、热能动力工程、水能动力工程
5	机械工业信息研究院	机械工程、电工技术
6	军事医学科学院情报研究所	生物、军事医学
7	国家安全生产管理总局信息研究院	采矿技术、洁净能源与环境、煤层气信息、煤矿安全、通风安全研究、煤矿检测等

续表

序号	机构名称	查新专业范围
8	冶金工业信息标准研究院	冶金、金属材料
9	中国地质矿产信息研究院	地质、矿产
10	中国国防科技信息中心	工程技术全部学科
11	中国航空工业发展研究中心	航空工业、航空产品、航空科学技术
12	中国航天工程咨询中心	航天、电子技术
13	中国化工信息中心	石化、化工产业
14	中国建筑材料科学研究总院	建筑材料
15	中国林业科学研究院林业信息研究所	林业、环境保护
16	中国农业科学院农业信息研究所	农业、生物
17	中国石油天然气总公司信息研究所	石油、天然气
18	中国铁道科学研究院科学技术信息研究所	机车车辆、工务工程、通信信号、电子信息技术
19	中国医学科学院医学信息研究所	医学全学科
20	中国地质图书馆	土地、矿产、海洋资源
21	兵器工业情报研究所	军工、航天、电子、核能
22	交通部科技信息研究所	车辆、船舶、航空

七、具备国家发明奖项目查新资质的单位名单

国家发明奖项目查新单位名单

国家发明奖励评审委员会

一九九〇年十二月三十一日

目　录

八、《关于公安科技成果鉴定进行查新检索的通知》

中华人民共和国公安部
关于公安科技成果鉴定进行查新检索的通知

公科成〔1995〕109号

各省、自治区、直辖市公安厅、局；部属研究所、院校：

公安科技成果鉴定前的查新检索工作，是公安科技成果科学化管理的内容之一。为了认真贯彻《科学技术成果鉴定办法》，进一步做好科技成果查新工作，经公安部科技司审批，报国家科委备案，公安部科技信息研究所定为“二级查新单位”，承担公安系统的科技成果查新工作。有关查新事宜，请径向查新单位联系了解。

（公安部科技司印）

一九九五年十一月二十三日

公安部科技信息研究所所址：北京首体南路1号

通信地址：北京××信箱××分箱

邮编：××××××

联系人：×××

电话：××××××××

传真：××××××××

九、《公安科技查新工作管理制度（试行）》

公安科技查新工作管理制度（试行）

为规范公安部科学技术信息研究所的科技查新工作，根据科技部《科技查新机构管理办法》和《科技查新规范》等有关规定，结合本单位实际，制定本制度。

（一）工作人员职责和要求

1. 承担为公安系统并兼顾社会项目的科研立项、科技成果鉴定、验收、报奖等的查新咨询工作。

2. 熟悉并执行查新咨询工作的有关政策、规定和制度，负责各项查新咨询服务工作。

3. 具有良好的职业道德、实事求是的科学态度和严谨的工作作风。

4. 积极参与技术培训、学术会议和其他有关学术活动，不断提高业务水平和综合分析能力。

（二）工作程序

1. 受理委托

查新人员一般应以委托单位申请日期为序并依据“科技查新委托书”受理查新，并做好接待登记工作。

2. 检索文献

根据查新项目的技术要点与查新点，确定检索词、检索策略、检索年限、检索范围和检索工具，检索出与查新项目密切相关及一般相关的文献。

3. 撰写报告

查新人员根据查新项目的技术要点与查新点，将检索到的相关文献进行分析比较，确定查新项目的新颖性，撰写查新报告；审核员对查新程序和查新报告进行审核后，出具正式查新报告。

4. 资料存档

对每一个查新项目的相关资料进行整理归档，并建立查新报告数据库。

（三）完成时限

1. 只查国内资料的查新项目（以下简称国内查新）一般在 5 个工作日内完成，需要查国内外资料的查新项目（以下简称国内外查新）一般在 10 个工作日内完成。

2. 加急项目，属于国内查新的，一般在 3 个工作日内完成；属于国内外查新的，一般在 7 个工作日内完成。

（四）收费

1. 国内查新××元/项。

2. 国内外查新××元/项。

3. 每个查新项目的查新点在两个以上者（不含两个），每增加一点加收××元。

4. 根据委托单位的加急要求，在规定的查新完成时间内，每提前一天加收××元的加急费。

（五）奖励

××××

（六）实施日期

本制度自 2010 年 1 月 8 日起试行。

十、《科技查新规范》

科技查新规范

（中华人民共和国科学技术部2001年1月1日实施）

（国科发计字〔2000〕544号）

导 言

为了加强对科技查新（以下简称查新）的管理，规范查新活动，保证查新的公正性、准确性和独立性，维护查新有关各方的合法权益，制定本规范。

本规范由13部分组成：

第1部分——基本术语，对查新活动中所使用的基本术语进行了定义。

第2部分——基本原则，规定了查新活动应当遵循自愿、依法查新和独立、客观、公正的基本原则。

第3部分——查新委托人，规定了查新委托人的义务、行为规范、权利和法律责任。

第4部分——查新机构，规定了查新机构的受理、行为规范、查新收费以及法律责任。

第5部分——查新合同，规定了订立和履行查新合同的基本原则，查新合同的基本内容、形式与要求。

第6部分——查新人员，规定了查新机构在委派查新员和审核员时应当遵循的回避原则，查新员和审核员应当具备的条件，查新员、审核员的职责和查新人员的责任。

第7部分——查新咨询专家，规定了查新咨询专家应当具备的条件，选择查新咨询专家的原则，查新咨询专家的行为规范、职责与责任。

第8部分——检索，规定了检索年限；介绍了检索方法的选择、检索策略的制定、检索结果的检验和调整。

第9部分——查新报告，规定了查新报告应当包括的内容及要求。

第10部分——查新争议，规定了解决查新合同争议的原则和方法。

第11部分——档案，规定了查新档案应当包括的基本内容；给出了查新档案管理的基本要求。

第12部分——查新程序，规定了处理查新业务的程序：查新委托和受理、检索准备、选择检索工具、确定检索方法和途径、查找、完成查新报告、提交查新报告、文件归档。

第13部分——附则。

建议不了解查新业务流程的读者，先阅读第12部分，再从第1部分开始阅读；熟悉查新工作的读者，可从第2部分开始阅读；对于关注查新机构责任的机构负责人，可重点阅读第4、5、10部分；对于查新委托人，可重点阅读第3、5、10部分；对于从事查新业务的人员，可重点阅读第2、4、5、6、9、12部分；对于查新咨询专家，可重点阅读第7部分；对于查新档案管理人员，可重点阅读第11部分。

1. 基本术语

以下给出的基本术语释义仅适合于查新这一特定领域，特此声明。

1.1 查新

1.1.1 查新 是科技查新的简称，是指查新机构根据查新委托人提供的需要查证其新颖性的科学技术内容，按照本规范操作，并作出结论。

1.1.2 查新机构 是指具有查新业务资质的信息咨询机构。

1.1.3 查新项目 是指被查证（待查证）的科学技术项目。

1.1.4 查新点 是指需要查证的内容要点。

1.1.5 新颖性 是指在查新委托日以前查新项目的科学技术内容部分或者全部没有在国内外出版物上公开发表过。

1.1.6 查新要求 是指查新委托人对查新所提出的具体愿望。一般分为以下四种情况：(1) 希望查新机构通过查新，证明在所查范围内国内外有无相同或者类似研究；(2) 希望查新机构对查新项目分别或者综合进行国内外对比分析；(3) 希望查新机构根据分析对查新项目的新颖性作出判断；(4) 查新委托人提出的其他愿望。

1.1.7 查新委托人 是指提出查新需求的自然人、法人或者其他组织。

1.1.8 查新人员 是指参与查新工作的人员，包括查新员、审核员及其他工作人员。

1.1.9 查新员 是指具有中级（含）以上专业技术职称和查新资格，负责查新全部过程的查新人员。

1.1.10 审核员 是查新审核员的简称，是指具有高级专业技术职称和查新资格，负责审核查新员所做的查新工作是否规范，并向查新员提出审核意见的查新人员。

1.1.11 查新咨询专家 是指为查新机构提供查新咨询服务的同行专家。

1.1.12　同行专家　是指最接近查新项目所涉及的科学技术内容的专家。

1.1.13　查新合同　是指查新委托人和查新机构约定，由查新机构处理查新委托人的查新事务的合同。

1.1.14　查新合同双方　是指共同订立查新合同的查新委托人和查新机构。

1.1.15　查新报告　是指查新机构用书面的形式就其处理的查新事务和得出的查新结论向查新委托人所做的正式陈述。

1.2　检索

1.2.1　检索　在本规范中，是科技文献检索的简称，是指从众多科技文献中查找并获取所需信息的过程和方法。

1.2.2　检索词　是指用于描述信息系统中的内容特征、外表特征和表达用户信息提问的专门语言的基本成分，是构成检索提问式的最基本的单元。

1.2.3　主题词　是指以规定概念为基准，经过规范化和优先处理，具有组配功能，能够显示词间语义关系动态性的词或词组。主题词是主题词表的基本组成成分，是标引和检索文献的标准依据。在查新检索过程中，主题词是指经过主题词表标引，在检索系统实施检索时，从主题词表中选择的检索词。

1.2.4　关键词　是指出现在文献标题、文摘、正文中，对表征文献主题内容具有实质意义的语词，对揭示和描述文献主题内容是重要的、关键性的语词。

1.2.5　参考检索词　是指查新委托人提供的、仅供查新机构在处理查新事务中参考，而不作为查新合同双方约定的检索词。

1.2.6　检索工具　是指用以报导、存贮和查找文献线索的工具。

1.2.7　检索策略　是指为实现检索目标而制订的全盘计划，是对整个检索过程的谋划和指导。

1.2.8　检索提问式　简称检索式，是指计算机检索中表达用户检索提问的逻辑表达式，由检索词和各种布尔逻辑算符、位置算符以及系统规定的其他连接组配符号组成。

1.2.9　检索方法　是指查找文献信息的具体方法，分为手工检索和计算机检索两种方法。

1.2.10　手工检索　简称手检，是指主要利用手工检索工具来获取信息的检索方法。

1.2.11　计算机检索　简称机检，是指利用计算机来获取信息的检索方法。

1.3　文献

1.3.1　文献　根据中国国家标准《文献著录总则》（GB/T3792.1-1983)，文献是指记录有知识的一切载体；根据《文献情报术语国际标准（草案）》（ISO/DIS5127)，文献是指在存贮、检索、利用或者传递记录信息的过程中，可作为一种单元处理的，在载体内、载体上或者依附载体而存贮有信息或数据的载体。

在查新中，文献是科技文献的简称，是指通过各种手段（文字、图形、公式、代码、声频、视频、电子等）记录下科学技术信息或知识的载体。

1.3.2　文献信息　是指被文献化了的，以便通过动态系统加以存贮、交流、传播、利用的人类文化、科技等信息，也就是指以文献形式被记录的信息。

1.3.3　参考文献　是指查新委托人列出的与查新项目密切相关的国内外文献（要注明著者、题目、刊名、年、卷、期、页），这些文献仅供查新机构在处理查新事务中参考。

1.3.4　相关文献　是指与查新项目主题相关的同类项目的有关文献（要注明著者、题目、刊名、年、卷、期、页）。

1.3.5　同类研究文献　同相关文献。

1.3.6　对比文献　将查新项目的预期（假设）新颖性与检索到的相关文献进行对比，从中筛选出可供查新分析、对比时引用的文献。

1.3.7　可比文献　同对比文献。

1.3.8　密切相关文献　是指这样一种文献，它公开的主题，在实质方面与查新项目的主题最为近似。

1.4　科学技术

1.4.1　科学　是指运用范畴、定理、定律等思维形式反映现实世界各种现象的本质和规律的知识体系。

1.4.2　技术　是指人类在利用自然、改造自然和解决社会问题中，所运用的知识、经验、手段和方法以及生产工具、生产工艺过程的总称。

1.4.3　技术方案　是科技成果完成人（含单位）或者研究开发人员对其要解决的技术问题所采取的技术措施的集合。

1.4.4　技术类型　是指由技术的不同特征所形成的各种技术之间的质的区别。

1.4.5　技术特征　是指用来描述技术工作中一事物区别于其他事物的特别显著征象、标志等。

1.5　成果

1.5.1　科技成果　是指在科学技术研究、开发、试验和应用推广等方面取得的收获。一般地，将科技成果分为：基础理论成果、应用技术成果和软科学成果。

1.5.2　基础理论成果　是指探索自然界各种物质形态及其运动规律，揭示各种自然现象之间的联系而取得的具有一定学术意义的科学理论成果。

1.5.3　应用技术成果　是指为提高生产力水平而进行的科学研究、技术开发、后续试验和应用推广中所产生的具有实用价值的新技术、新产品等。

1.5.4　软科学成果　是指在促进科技与经济、社会协调发展中，对战略、政策、规划、评价、预测、情报、科技决策、科技立法、科技管理，及其他有关管理科学等进行研究所获得的成果。

1.5.5　成果完成人　是指承担科研项目研究、技术开发、试验、应用推广等主要任务，并作出创造性贡献的自然人、法人或者其他组织。

1.5.6　成果使用人　是指使用科技成果的自然人、法人或者其他组织。

1.5.7　科技成果管理机构　是指省、自治区、直辖市科学技术行政部门，国务院有关部门、直属机构、直属事业单位负责科技成果管理的机构。

1.5.8　科技成果转化　根据《中华人民共和国促进科技成果转化法》第二条，科技成果转化是指为提高生产力水平而对科学研究与技术开发所产生的具有实用价值的科技成果所进行后续试验、开发、应用、推广直至形成新产品、新工艺、新材料，发展新产业等活动。

1.6　法律

1.6.1　法律　是指由全国人民代表大会及其常委会制定的规范

性文件，在地位和效力上仅次于宪法。

1.6.2　行政法规　是指作为国家最高行政机关的国务院制定的规范性文件，其地位和效力仅次于宪法和法律。

1.6.3　部门规章　是指国务院的组成部门及其直属机构在其职权范围内制定的规范性文件。

1.6.4　法人　是指具有民事权利能力和民事行为能力，依法独立享有民事权利、承担民事义务的组织。根据民法通则，我国法人包括机关法人、事业法人、企业法人和社会团体法人。

1.6.5　机关法人　是国家机关法人的简称，是指国家依法设置的行使国家管理职能的中央和地方权力机关、行政机关、司法机关和军队机关。机关法人不包括机关内部设置的厅、司、处、室等。

1.6.6　事业法人　是事业单位法人的简称，是指经中央或者地方编制委员会办公室批准成立，依靠国家拨款或者自有资金从事非生产经营事业的组织。事业法人不包括事业单位的内部职能机构。

1.6.7　社会团体法人　是指公民根据宪法所赋予的自由结社的权利依法成立的全国性和地方性群众组织。

1.6.8　企业法人　是指独立核算、自负盈亏、自主经营的经济实体。

1.6.9　合同　根据《中华人民共和国合同法》第二条，合同是指平等主体的自然人、法人、其他组织之间设立、变更、终止民事权利关系的协议。

1.6.10　争议　是指合同当事人之间对合同是否成立、是否有效、有无履行、有无违反合同、违法合同的责任由谁承担、承担责任的方式及大小等发生的纠纷。

1.6.11　纠纷　是指争执的事情。

1.6.12　和解　是指当事人本着平等互利的原则进行充分协商，

分清是非，明确责任，各自作出一定让步，在彼此可以接受的条件下达成一致的一种活动。

1.6.13　调解　是指当事人对所发生的争议协商不成或者不愿意通过和解解决，自愿将争议交由一定的组织或个人进行居中调和，促使当事人互谅互让，达成协议，从而解决争议的一种活动。

1.6.14　仲裁　是指在合同发生纠纷，当事人自行协商不成时，仲裁机构根据双方当事人的约定或者事后达成的书面仲裁协议，依法作出具有约束力裁决的一种活动。

1.6.15　诉讼　是指当事人就合同争议依法向人民法院起诉，由人民法院通过审判程序解决争议的一种活动。

1.6.16　法律责任　是指行为人因违法行为、违约行为或者法律规定而应当承担的不利的法律后果，分为民事责任、行政责任和刑事责任。

1.6.17　民事责任　是指违反民事法律、违约或者依照民事法律的规定应当承担的法律责任。

1.6.18　行政责任　是指由国家行政机关或者国家授权的有关单位对违法的单位或者个人依法采取的行政制裁。

1.6.19　刑事责任　是指违法，造成严重后果，已触犯国家刑事法律，由国家审判机关依法给予行为人以相应的刑事制裁。

1.7　其他

1.7.1　信息　中国国家标准《情报与文献工作词汇基本术语》（GB/T4894-1985）中定义：信息是物质存在的一种方式、形态或运动状态，也是事物的一种普遍属性，一般指数据、消息中所包含的意义，可以使消息中所描述事件的不确定性减少。

1.7.2　数据库　是指至少由一个文档组成，并能满足某一特定目的或者某一特定数据处理系统需要的一种数据集合。

1.7.3　新产品　是指采用新技术原理、新设计构思、新方法、新材料研制生产的全新型产品；或者应用新技术原理、新设计构思、新方法、新材料，在结构、材质、工艺等任一方面比老产品有重大改进、显著提高了产品性能或者扩大了使用功能的改进型产品；或者生物、矿产等新品种。

1.7.4　指标　是指为了反映查新项目特征的概念。

1.7.5　国务院有关部门、直属机构、直属事业单位　是指经全国人民代表大会审议批准的国务院组成部门和经国务院审议通过的国务院直属机构、直属事业单位。

九届人大一次会议审议批准的国务院组成部门有：外交部、国防部、国家发展计划委员会、国家经济贸易委员会、教育部、科学技术部、国防科学技术工业委员会、国家民族事务委员会、公安部、国家安全部、监察部、民政部、司法部、财政部、人事部、劳动和社会保障部、国土资源部、建设部、铁道部、交通部、信息产业部、水利部、农业部、对外贸易经济合作部、文化部、卫生部、国家计划生育委员会、中国人民银行、审计署。

1998 年国务院第一次全体会议审议通过的国务院直属机构有：海关总署、国家税务总局、国家环境保护总局、中国民用航空总局、国家广播电影电视总局、国家体育总局、国家统计局、国家工商行政管理局、国家新闻出版署、国家林业局、国家质量技术监督局、国家药品监督管理局、国家知识产权局、国家旅游局、国家宗教事务局、国务院参事室、国务院机关事务管理局。

1998 年国务院第一次全体会议审议通过的国务院直属事业单位有：新华通讯社、中国科学院、中国社会科学院、中国工程院、国务院发展研究中心、国家行政学院、中国地震局、中国气象局、中国证券监督管理委员会。

国务院组成部门和直属机构、直属事业单位如有调整，以最新调整为准。

2. 基本原则

查新委托人在处理查新委托事务过程中；查新机构在从事查新活动中；查新咨询专家在提供查新咨询服务过程中应当遵循以下基本原则：

2.1 自愿原则

（1）在遵守本规范的前提下，查新委托人有权选择查新机构；查新机构有权接受或者拒绝查新委托。

（2）在遵守本规范的前提下，查新机构有权选择查新咨询专家；专家有权接受或者拒绝担任查新咨询专家。只有在双方自愿和合法的基础上，双方的聘请关系才能真正确立。

2.2 依法查新原则

依法查新是开展查新业务的一项重要原则。从事查新的机构应当是具有查新业务资质的信息咨询机构。未经科学技术部认定或者授权认定，任何单位和个人不得从事面向社会服务的查新活动。查新机构承办的一切查新业务都要以法律、法规为准绳，其所有活动都应当在法律、法规规定的范围内进行。涉及查新有关各方的行为活动应当遵循《科技查新机构管理办法》和本规范。

对于因违法违纪不适宜继续执业的查新人员，查新机构应当按照法律、法规、规章和机构章程予以解聘或除名。

2.3　独立、客观、公正原则

2.3.1　独立原则

查新机构、查新员、查新审核员、查新咨询专家应当是与查新项目无利害关系的第三者。查新机构应当严格按照国家的有关法律、法规,《科技查新机构管理办法》和本规范等的规定，独立处理查新业务；查新咨询专家应当严格按照国家的有关法律、法规和本规范等的规定，独立地向查新机构提供查新咨询意见。查新机构、查新咨询专家从事的具体查新、查新咨询活动不受任何行政部门控制，也不受其他机关、社会团体、企业、个人、查新委托人等的非法干预；查新咨询专家提供查新咨询意见时不受查新机构的非法干预。

如果查新机构、查新咨询专家认为其独立性受到损害，则可以拒绝进行查新、查新咨询，或中止相应的查新、查新咨询活动，或在查新报告、查新咨询专家意见表中声明。

2.3.2　客观原则

查新机构应当依据文献，客观地为查新委托人完成查新事务。查新报告中的任何分析、技术特点描述、每一个结论，都应当以文献为依据，符合实际，不包含任何个人偏见。

2.3.3　公正原则

查新机构在处理查新事务的过程中，应当站在公正的立场上，在遵照《科技查新机构管理办法》和本规范的前提下，公正地为查新委托人完成查新事务。查新机构不可因收取查新费用而偏袒或者迁就查新委托人；查新咨询专家也不能因收取查新咨询费用而迁就查新机构。

3. 查新委托人

查新委托人是指提出查新需求的自然人、法人或者其他组织。

3.1 义务

（1）查新委托人应当据实、完整地向查新机构提供下列查新所必需的资料：

①查新项目的科学技术资料；

②技术性能指标数据；

③查新机构认为查新所必需的其他资料。

（2）查新委托人应当尽可能提供下列查新所需要的资料：

①参考检索词，包括中英文对照的查新关键词（含规范词、同义词、缩写词、相关词）、分类号、专利号、化学物质登记号等。关键词应当从查新项目所在专业的文献常用词中选择；

②国内外同类科学技术和相关科学技术的背景材料；

③参考文献，列出与查新项目密切相关的国内外文献（含著者、题目、刊名、年、卷、期、页），以供查新员在检索时参考。

（3）查新委托人所提交的资料应当真实可靠，用词准确，能够满足完成查新事务的需要。

3.2 行为规范

（1）查新委托人只能选择具有查新业务资质的信息咨询机构。

（2）若查新机构接受查新委托，查新委托人应当与查新机构订立查新合同。

（3）完成查新事务的，查新委托人应当向查新机构支付报酬。因不可归责于查新机构的事由，查新合同解除或者委托的查新事务不能完成的，查新委托人应当向查新机构支付相应的报酬。查新合同双方另有约定的按照其约定。

（4）查新委托人应当保证查新机构的独立性，不得向查新机构施加倾向性影响，不得干涉查新活动。

（5）查新委托人不得弄虚作假、营私舞弊，不得侵犯他人的知识产权。

3.3　权利

（1）查新委托人可以拒绝支付查新合同上商定费用以外的其他一切费用或者有价之物。

（2）查新委托人有权向查新机构推荐查新咨询专家，明示不宜作为查新咨询专家的个人名单或者作为专家来源的组织，供查新机构在选择查新咨询专家时参考，但不得影响查新机构选择查新咨询专家的自主权。

（3）对查新机构不负责任、敷衍了事、丢失科学技术资料、泄露查新项目的科学技术秘密的行为等，查新委托人有权向各级科学技术行政部门反映。因查新机构的过错造成损失的，查新委托人有权依法索取赔偿。

3.4　法律责任

查新委托人提供的资料和有关证明有虚假内容，所产生的一切后果由其承担法律责任。

4. 查新机构

查新机构是指具有查新业务资质的信息咨询机构。

4.1 受理

（1）查新机构应当在获准的专业范围内受理查新业务。有下列情况之一时，查新机构不得受理查新委托：

①超出查新机构受理的专业范围；

②缺少必要的数据库或者文献资源。

（2）有下列情况之一时，查新机构可以拒绝查新委托：

①查新委托人不能明确列示查新题目下各个查新点；

②查新委托人不能出具与查新内容相关的技术资料。

（3）查新机构应当听取查新委托人关于查新项目的情况介绍。

（4）若拒绝查新委托，查新机构应当立即退还查新委托人提交的所有资料。

（5）若接受查新委托，查新机构应当与查新委托人订立查新合同。

4.2 行为规范

（1）查新机构应当亲自处理查新事务，处理查新事务的程序应当符合本规范的要求。

（2）查新机构应当按照查新委托人在查新合同中给出的查新要求处理查新事务，不能按照查新要求来处理查新事务的，应当经查新委托人同意；因情况紧急，难以和查新委托人取得联系的，查新机构应当妥善处理查新事务，但事后应当将该情况及时报告查新委托人。

（3）查新机构及其工作人员不得为招揽查新业务而进行误导或者虚假的广告宣传。

（4）查新机构在处理查新事务过程中，对本机构不能解决的事项，可以聘请查新咨询专家协助完成。查新机构应当保证所聘请查新咨询专家的独立性，不得向查新咨询专家施加倾向性影响；不得伪造或者涂改查新咨询专家的咨询意见表；不得向查新委托人和与查新项目有利害关系的各方透露查新咨询专家的个人意见。

（5）查新机构在取得查新结论的过程中不能使用、依赖没有充分依据支持的、关于某些特征的结论和判断；也不能使用、依赖未经充分依据支持的、认为这些特征综合在一起可能会使查新结论最好化或者最差化的判断。

（6）查新机构及其工作人员应当维护查新项目所有者的知识产权，不得非法占有、使用或者向他人披露、转让查新项目所有者的科技成果。除以下人员和机构外，查新机构及其工作人员不得向任何人泄露查新项目的科学技术秘密和查新结论。

①查新委托人或者由查新委托人明确指定的人（或机构）；

②法律、法规允许的第三方（如省、自治区、直辖市的科学技术行政部门，国务院有关部门、直属机构、直属事业单位的科技成果管理机构等）；

③具有管辖权的专业检查组织。

（7）查新机构受理本机构内部的查新委托时，不得对外出具查新报告。

4.3　查新收费

（1）查新业务实行有偿服务。查新费用的确定应当按照当地物价部门的有关规定执行；规定不明确的由双方协商，合同约定。

（2）查新机构收取的任何与查新事务有关的费用或者有价之物，都应当在查新合同中注明。查新机构及其工作人员不得以任何方式收取查新合同中注明的费用或者有价之物以外的其他一切费用和有价之物。

（3）查新机构按合同约定收取查新费用，查新费用不应随最终查新结论而变动。

4.4 法律责任

（1）未取得查新业务资质，擅自面向社会开展查新的，其出具的查新报告无效，并由科技成果管理机构给予警告，并责令改正；逾期不改的，报请有关管理机关予以取缔；有违法所得的，依法没收违法所得，并处以罚款；构成犯罪的，依法追究刑事责任。

（2）对于提交虚假证明文件或者采取其他欺诈手段骗取查新业务资质的，由查新认定机关予以注销；有违法所得的，依法没收违法所得，并处以罚款；构成犯罪的，依法追究刑事责任。

（3）查新机构有下列情形之一的由科技成果管理机构给予警告；有违法所得的，依法没收违法所得，并处以罚款。

①年检中隐瞒真实情况、弄虚作假的；

②违反财务管理制度和会计制度的；

③违反法律、法规和规章的其他行为。

（4）因不能按查新合同完成查新事务，给查新委托人造成损失的，除不可归责于查新委托人的事由外，查新机构应当赔偿损失。

（5）查新机构对本机构工作人员违法执业以及所聘请的查新咨询专家违法提供查新咨询服务或者因过错给查新委托人造成损失的，应当承担赔偿责任。

（6）查新机构因过错造成查新结论失实，给查新委托人造成损失的，查新机构应当承担赔偿责任。

（7）查新机构违反查新合同，擅自披露、使用或者向他人提供、转让查新项目的技术秘密，应当承担相应的法律责任。

（8）当发现查新委托人在处理查新委托的事务中存在营私舞弊、

弄虚作假或者其他的违法行为，查新机构应当立即中止查新；已经完成查新的，应当予以撤销，否则查新机构应当承担连带责任。

（9）涉及国家秘密的查新事务，依照《中华人民共和国保守国家秘密法》和科学技术保密的有关规定处理。

5. 查新合同

对于每一个查新项目，查新机构与查新委托人应当依法订立并履行查新合同。

5.1　基本原则

订立和履行查新合同，作为一项法律行为，应当遵守以下基本原则：

（1）遵守法律、法规；

（2）自愿、平等、公平、诚实信用；

（3）维护公共秩序、遵守社会公德；

（4）有利于科学技术进步，促进科技成果转化；

（5）受有关法律调整。

5.2　基本内容

查新机构接受查新委托时，应当与查新委托人就查新合同的内容进行约定。查新合同一般包括以下条款：

（1）查新项目名称；

（2）查新合同双方各自的基本情况；

（3）查新目的；

（4）查新点；

（5）查新要求；

（6）查新项目的科学技术要点，包括查新项目的主要科学技术特征、技术参数或者指标、应用范围等；

（7）参考文献；

（8）查新委托人提供的资料清单；

（9）合同履行的期限、地点和方式；

（10）保密责任；

（11）查新报告的使用范围；

（12）查新费用及其支付方式；

（13）违约金或者损失赔偿的计算方法；

（14）解决争议的方法；

（15）名称和术语的解释。

查新委托人提交的查新项目资料，按照查新合同双方的约定可以作为查新合同的组成部分。

5.3 形式与要求

（1）查新合同应当采用书面形式。根据《中华人民共和国合同法》第十一条，书面形式是指合同书、信件和数据电文（包括电报、电传、传真、电子数据交换和电子邮件）等可以有形地表现所载内容的形式。

（2）查新合同双方应当在查新合同上签字（盖章）。

6. 查新人员

对一项查新事务，查新机构应当确定专职查新员和审核员。

6.1 回避原则

查新机构在委派查新员（专职或者兼职）和审核员时，应当遵循下列回避原则：

（1）不得委派曾在查新委托单位、成果完成单位、成果使用单位或者科研项目主持单位任职，或者离职后未满两年的人员；

（2）不得委派持有查新委托单位、成果完成单位、成果使用单位或者科研项目主持单位的股票、债券，或者在这些单位有其他经济利益的人员；

（3）不得委派与查新项目有利害关系的其他当事人。

6.2　查新员应当具备的条件

查新员应当具备以下基本条件：

（1）拥护中华人民共和国宪法；

（2）遵守国家法律和社会公德；

（3）具有相关的专业知识并具备较宽的知识覆盖面，熟悉查新判断、分析的原则与要点，能对收集到的相关文献进行分析、整理与综合提炼，具备从事查新的能力；

（4）熟悉《科技查新机构管理办法》和本规范；

（5）接受过国家有关查新的正规培训，具备从事查新的资格；

（6）具有两年以上与查新相关的工作经历；

（7）具有一定的外语和计算机水平；

（8）具有良好的职业道德；

（9）本科（含）以上学历，具有中级（含）以上专业技术职称。

6.3　审核员应当具备的条件

审核员应当具备的基本条件：

（1）拥护中华人民共和国宪法；

（2）遵守国家法律和社会公德；

(3) 具有丰富的相关专业知识和宽阔的知识覆盖面，熟悉查新判断、分析的原则与要点，能对收集到的相关文献进行分析、整理与综合提炼，具备从事查新的能力；

(4) 熟悉《科技查新机构管理办法》和本规范；

(5) 接受过国家有关查新的正规培训，具备从事查新的资格；

(6) 具有三年以上查新工作经历；

(7) 具有较高的外语和计算机水平；

(8) 具有良好的职业道德；

(9) 本科（含）以上学历，具有高级专业技术职称。

6.4 职责

(1) 查新员、审核员应当遵守国家、地方的法律、法规，遵守《科技查新机构管理办法》、本规范和所在机构的内部规章制度，接受所在查新机构的领导，并对其负责。

(2) 查新员负责查新的全部过程，代表查新机构处理查新受托等事宜；必要时与审核员协商后代表查新机构选择合适的查新咨询专家。

(3) 与审核员协商后，查新员负责撰写查新报告。

(4) 审核员负责审查查新员所进行的查新程序是否规范；查新员确定的检索工具书、数据库选择是否合适；选择的检索词及分类栏目是否恰当；检出的文献是否为同类研究文献；可比文献是否恰当；查新员收集到的相关文献是否齐全；对提出的文献判读是否正确；查新结论是否客观和准确；查新报告是否规范，并向查新员提出审查意见。

6.5　法律责任

查新人员应当承担以下责任：

（1）查新人员有违反《科技查新机构管理办法》或本规范规定的，由科技成果管理机构给予警告，同时责令改正；有违法所得的，依照有关法律、法规和规章处理。

（2）查新人员违法执业或者因过错给查新委托人造成损失的，由其所在的查新机构承担赔偿责任。查新机构赔偿后，可以向有故意或者重大过失的查新人员追偿。

（3）未取得查新资格的人员，为牟取经济利益擅自从事查新活动的，由科技成果管理机构责令其停止非法执业；有违法所得的，依照有关法律、法规和规章处理。

（4）查新人员在查新活动中有犯罪行为的，依法追究其刑事责任。

（5）查新人员在处理查新事务中违法失职，徇私舞弊，篡改、假冒或者以其他方式侵害他人合法权益的，非法窃取科学技术秘密的，应当承担相应的法律责任。

7. 查新咨询专家

查新机构应当建立查新咨询专家库，充分发挥查新咨询专家的作用，以提高查新质量。

7.1　应当具备的条件

查新咨询专家应当同时具备以下条件：

（1）拥护中华人民共和国宪法；

（2）遵守国家法律和社会公德；

(3) 对查新项目所属专业有较丰富的理论知识和实践经验，熟悉国内外该领域科学技术发展的状况，在这一领域具有一定的权威性；

(4) 熟悉查新判断、分析的原则与要点；

(5) 具有严谨的科学态度、良好的职业道德。

7.2 选择原则

(1) 参加查新咨询工作的专家由查新机构聘请。

(2) 所聘请的查新咨询专家应当熟悉查新项目的科学技术内容。

(3) 查新咨询专家实行回避制度，与查新项目有利害关系的任何人不得担任查新咨询专家。下列人员被视为与查新项目有利害关系：

①查新项目课题组成员；

②查新项目课题下达单位或者课题委托单位的工作人员；

③成果转让方、使用方的工作人员。

7.3 行为规范

查新咨询专家应当遵守国家法律、法规，坚持实事求是、科学严谨的态度参与查新，不得违法失职、徇私舞弊、弄虚作假，在此前提下，还应当遵守以下行为规范：

(1) 独立地向发出聘请的查新机构提出查新咨询意见。

(2) 在向查新机构提供查新咨询服务（文字的或者口头的）时，应当客观、公正，不得掺杂私利。

(3) 维护查新项目所有者的知识产权。关于查新项目的所有材料应当全部退还查新机构，不得向其他组织或者个人扩散，不得非法占有、使用、提供、转让他人的科技成果。

(4) 不得向查新机构明确指定的人以外的组织或者个人披露关于查新项目的科学技术内容和查新结论。

（5）不得以个人身份接触查新委托人、成果完成人、成果使用者（购买方、受让方）、课题组成员、课题下达者或者课题委托者，如确需核实补充某方面信息，可向查新机构提出要求。

（6）不能使用、依赖没有充分依据支持的、关于某些特征的结论和判断；也不能使用、依赖未经充分依据支持的、认为这些特征综合在一起可能会使查新项目的查新结论最好化或者最差化的判断。

（7）应当在与查新机构商定的时间内完成查新咨询事务。

（8）提供的查新咨询意见（无论是书面的，还是口头的）应当清晰、准确地反映查新项目及其相关情况的实际，不得误导。查新咨询意见应当包含足够的信息，使得查新机构能够正确理解。

（9）不得以各种方式收取查新机构之外的任何组织、个人提供的有关查新的咨询费或者有价物品。

7.4　法律责任

（1）查新咨询专家存在违法、违规行为，其咨询意见无效。

（2）查新咨询专家违法提供查新咨询服务或者因过错给查新委托人造成损失的，由发出聘请的查新机构承担赔偿责任。查新机构赔偿后，可以向有故意或者重大过失的查新咨询专家追偿。

（3）查新咨询专家在咨询过程中侵犯他人知识产权和其他合法权益的，应当承担相应的法律责任。

8. 检索

查新机构在处理查新业务过程中，可以参照下列程序和要求进行文献检索。

8.1 检索年限

检索文献的年限应当以查新项目所属专业的发展情况和查新目的为依据，一般应从查新委托之日前推10年以上，对于新兴学科、高新技术项目，前推年限可酌情缩短；对于较成熟的技术产品、工艺和专利查新等，前推年限应酌情延长；对于查新合同中另有约定的，按约定执行。

8.2 检索方法的选择

为了提高查全率、查准率，缩短检索时间，提高查新效率，查新机构在选择检索方法时，应当根据查新委托人对检索的要求、查新项目所属学科特点和查新机构自身的检索条件等具体情况来确定，但应当以机检方法为主、手检方法为辅。

8.3 检索策略的制定

在进行计算机检索之前，查新员应当事先拟定周密的检索策略。

8.3.1 制定检索策略的基本要求：

（1）尽可能准确表达查新委托人的信息需求，以期获得满意的检索结果。

（2）尽可能节省联机时间，降低检索费用。

8.3.2 查新员在制定检索策略时，应当做好以下几项工作：

（1）分析查新委托人的信息要求，确立检索目标。

（2）选择检索系统和数据库。在选择检索系统时，应当主要考虑其功能、提供的数据库、价格、易用性等因素。

（3）对检索项目进行概念分析。查新员应当在分析检索项目的主题类型、主题结构的基础上，对具有检索意义的主题概念进行提炼和取舍。

（4）选择检索词。注意所选检索词的全面性、专指性和一致性。

（5）构造检索式。对编制检索式的要求是：

①准确反映检索提问的主题内容；

②适应所查数据库的索引体系和检索用词规则；

③符合检索系统的功能及限制条件的规定。

为了满足上述三项要求，应当了解检索系统的特性与功能；熟悉所检数据库的标引规则及词表结构；掌握必要的检索技术及调节技术；了解查新项目所属专业的知识。

（6）编制具体检索程序。

以上六个步骤不一定按顺序执行，可根据查新要求和使用系统的具体情况而灵活运用。

检索策略不是一成不变的，在具体的检索过程中要根据检索结果的满意程度作适当调整和优化。

8.4　检索结果的检验和调整

在文献检索实际工作中，常常会出现检索结果不理想，还需要进行检验和调整。检验和调整有以下几种方式：

（1）增加新的相关数据库检索。

（2）从主题词途径检出的文献用分类检索途径来检验。

（3）从数据库设置的其他字段检验主题词检索结果。

（4）扩大、缩小检索范围。

对于检出的记录文献太少时，应当扩大检索范围；当检出的记录文献过多时，应当优化检索策略，缩小检索范围。

9. 查新报告

查新报告是查新机构用书面形式就查新事务及其结论向查新委托人所做的正式陈述。查新机构应当在查新合同约定的时间内向查新委托人出具查新报告。

9.1 基本内容

(1) 查新报告编号，查新项目名称，查新委托人名称，查新委托日期，查新机构的名称、地址、邮政编码、电话、传真和电子信箱，查新员和审核员姓名，查新完成日期。

(2) 查新目的、查新项目的科学技术要点、查新点与查新要求、文献检索范围及检索策略、检索结果、查新结论、查新员与审核员声明、附件清单。

(3) 查新委托人要求提供的其他内容。

9.2 基本要求

(1) 查新报告应当采用科学技术部规定的格式；内容符合查新合同的要求；提交的时间和方式符合查新合同双方的约定。

(2) 查新报告应当采用描述性写法，使用规范化术语，文字、符号、计量单位应当符合国家现行标准和规范要求；不得使用含意不清、模棱两可的词句；应当包含足够的信息，使得查新报告的使用者能够正确理解。

(3) 查新报告中的任何分析、科学技术特点描述、每一个结论，都应以客观事实和文献为依据，完全符合实际，不包含任何个人偏见。

(4) 文献检索范围及检索策略应当列出查新员对查新项目进行分

析后所确定的手工检索的工具书、年限、主题词、分类号和计算机检索系统、数据库、文档、年限、检索词等。

（5）检索结果应当反映出通过对所检数据库和工具书命中的相关文献情况及对相关文献的主要论点进行对比分析的客观情况。

检索结果应当包括下列内容：

①对所检数据库和工具书命中的相关文献情况进行简单描述；

②依据检出文献的相关程度分国内、国外两种情况分别依次列出；

③对所列主要相关文献逐篇进行简要描述（一般可用原文中的摘要或者利用原文中的摘要进行抽提），对于密切相关文献，可节录部分原文并提供原文的复印件作为附录。

（6）查新结论应当客观、公正、准确、清晰地反映查新项目的真实情况，不得误导。查新结论应当包括下列内容：

①相关文献检出情况；

②检索结果与查新项目的科学技术要点的比较分析；

③对查新项目新颖性的判断结论。

（7）查新员应当根据查新项目的科学技术要点，将检索结果分为密切相关文献和一般相关文献。

（8）检索附件包括密切相关文献的题目、出处及其原文复制件；一般相关文献的题目、出处及其文摘。

（9）有效的查新报告应当具有查新员和审核员的签字，加盖查新机构的科技查新专用章，同时对查新报告的每一页进行跨页盖章。

9.3　查新员、审核员声明

查新报告应当包括经查新员、审核员签字的声明。声明的内容可以参考下面的内容进行撰写。

（1）报告中陈述的事实是真实和准确的。

（2）我们按照科技查新规范进行查新、文献分析和审核，并作出上述查新结论。

（3）我们获取的报酬与本报告中的分析、意见和结论无关，也与本报告的使用无关。

10. 查新争议

当查新合同当事人之间对合同是否成立、是否有效、有无履行、有无违反合同、违法合同的责任由谁承担、承担责任的方式及大小等发生争议时，应当遵循下列原则和方法加以解决。

10.1 解决查新争议的原则

10.1.1 以事实为依据，以法律为准绳的原则

在处理查新争议时，应当实事求是，如实反映事实真相，全面地、客观地认定争议事实和客观情况，以有关法律、法规的规定和当事人的约定作为评判是非、确定责任的标准和尺度。

目前与查新有关的主要法律有：

①《中华人民共和国科学技术进步法》；

②《中华人民共和国促进科技成果转化法》；

③《中华人民共和国合同法》；

④《中华人民共和国民法通则》；

⑤《中华人民共和国民事诉讼法》；

⑥《中华人民共和国行政诉讼法》；

⑦《中华人民共和国仲裁法》；

⑧《中华人民共和国保守国家秘密法》；

⑨《中华人民共和国行政处罚法》。

10.1.2　以政策为指南的原则

在处理争议时，应当按照我国司法实践的一贯原则，有法律，依法律；无法律，依政策。

目前与查新有关的主要政策除本规范外，有：

①《关于加强技术创新，发展高科技，实现产业化的决定》；

②《国家科学技术奖励条例》；

③《科学技术保密规定》；

④《关于促进科技成果转化的若干规定》；

⑤《科学技术成果鉴定办法》；

⑥《关于正确处理科技纠纷案件的若干问题的意见》；

⑦《科技查新机构管理办法》。

10.1.3　在适用法律上一律平等的原则

在处理查新争议时，查新当事人之间不论经济性质、行政级别、规模大小，不论是法人、自然人还是其他组织，都有权参与辩论，论证自己的主张，驳斥对方的主张，提供有关证据。

10.2　解决查新争议的方法

10.2.1　和解

提倡通过和解解决查新争议。但是，通过和解解决查新争议应当注意以下三点：

（1）当事人达成的和解协议应当符合法律、法规和政策，不得损害国家利益、社会公共利益和第三方的利益。

（2）当事人在和解中作出的承诺，应当遵循诚实、信用的原则，不得弄虚作假，欺骗对方。

（3）在和解解决过程中，不得对另一方工作人员行贿和实施其他不正当手段。

10.2.2　调解

当事人对所发生的争议协商不成或者不愿通过和解解决，可自愿由第三者从中调解。调解人应当依据法律、行政法规和事实，进行说服和协调，促使当事人达成调解协议。

10.2.3　仲裁

查新合同双方或者其中的一方不愿和解、调解或者和解、调解不成的，如果当事人在合同中订有仲裁条款的，可以向仲裁机构申请仲裁。《中华人民共和国仲裁法》规定：

（1）当事人采取仲裁方式解决合同纠纷的，应当双方自愿，达成协议。没有仲裁协议的，仲裁机构不予受理。

（2）仲裁协议排除司法管辖，当事人达成仲裁协议，一方向人民法院起诉的，人民法院不予受理。

（3）仲裁实行一裁终局制，当事人应当履行裁决。一方当事人不履行的，另一方可以向人民法院申请执行。

10.2.4　诉讼

当事人如果在查新合同中没有订立仲裁协议或者仲裁协议无效的，可以向人民法院起诉。

当事人一方就查新合同争议起诉另一方时，应当按照民事诉讼法的规定，向有管辖权的人民法院递交起诉状。

当事人应当履行发生法律效力的判决、仲裁裁决、调解书；拒不履行的，对方可以请求人民法院执行。

11. 档案

查新机构应当做好查新档案的管理工作。

11.1 基本内容

查新档案大体上分为文书档案和项目档案两大类。

(1) 文书档案包括上级下发给查新机构的各种有关查新的办法、规定、规范、细则等，查新机构制定的各种有关查新的规章制度，查新机构的年检材料和查新工作总结，查新项目登记簿，查新咨询专家数据库和有关业绩材料，以及查新人员在工作中所获成果、发表的著作和论文等有关资料。

(2) 项目档案包括查新合同、查新报告、查新项目的主要科学技术资料、查新咨询专家的书面咨询意见、查新人员的工作记录等。

11.2 基本要求

(1) 每一个查新项目的相关材料应当由该项目的查新员负责收集、整理、归档。查新完成之后，所有关于该项目的材料应当及时移交档案保管人员，档案保管人员应当建立档案登记簿，按照要求逐一清点验收、登记，并需经双方签字。

(2) 查新档案应当立卷保管，文书档案按年度归档，项目档案按项目立卷。

(3) 查新档案的保管须有固定场所和专用保密文件柜，并由专人负责管理。

(4) 档案保管年限：文书档案应当长期保管，项目档案一般保管五年，逾期档案可予销毁。销毁档案须经所在单位主管领导批准，并建立销毁登记。

(5) 应当使用计算机进行档案管理，每个项目的《科技查新报告》应当登录到国家查新工作数据库。

12. 查新程序

12.1 查新委托

查新机构可以参照下列程序处理查新业务。

（1）根据《科技查新机构管理办法》和本规范的有关规定，查新委托人自我判断待查新项目是否属于查新范围。

（2）查新委托人根据待查新项目的专业、科学技术特点、查新目的、查新要求以及需要查证其新颖性的科学技术内容，自主选择查新机构。

（3）向查新机构提交在处理查新事务时所必需的科学技术资料和有关材料。

12.2 查新受理

（1）根据《科技查新机构管理办法》和本规范的有关规定，查新机构判断待查新项目是否属于查新范围；判断查新项目所属专业是否属于本机构承担查新业务的受理范围。

（2）确定查新员和审核员。

（3）初步审查查新委托人提交的资料是否存在缺陷；是否符合查新要求。判断查新委托人提交的资料内容是否真实、准确。

（4）判断查新委托人提出的查新要求能否实现。

（5）确认能否满足查新委托人的时间要求。

（6）初步判别查新项目的新颖性。

（7）若接受查新委托，查新机构按照本规范的关于查新合同的要求与查新委托人订立查新合同。

12.3　检索准备

（1）查新员认真、仔细地分析查新项目的资料，查新委托人提出的查新点与查新要求；了解查新项目的科学技术特点。

（2）在检索前，还要做好以下几项工作：

①明确检索目的。

②根据检索目的确定主题内容的特定程度和学科范围的专指程度，使主题概念能准确地反映查新项目的核心内容。

③确定检索文献的类型和检索的专业范围、时间范围。

④制定周密、科学而具有良好操作性的检索策略。

12.4　选择检索工具

在分析检索项目的基础上，根据检索目的和客观条件，选择最能满足检索要求的检索工具。

（1）手检时，根据专业对口、文种适合、收录完备、报道及时、编排合理、揭示准确的原则，选择检索工具书。

（2）机检时，在检索前根据查新项目的内容、性质和查新的要求选择合适的检索系统和数据库。

12.5　确定检索方法和途径

（1）根据查新项目所属专业的特点、检索要求和检索条件确定检索方法。

（2）确定检索途径。

①在手检条件下，文献的检索途径就是检索工具书中的目次、正文和辅助索引提供的途径。检索工具书提供的检索途径主要有：分类途径、主题途径、文献名称途径、著者途径、文献代码途径以及其他

特殊途径。分类途径和主题途径是手检的主要途径。

②在机检条件下，为了确定检索途径，先弄清数据库采用的是规范化词表还是自由文本式词表；指示主题性质的代码是标准的还是任选的；提问式如何填写；再将表达检索提问的各概念依照数据库采用的词表转换成检索语言，即主题词、分类词、关键词等。

12.6 查找

（1）查找时，以机检为主、手检为辅。

（2）除利用检索工具书和数据库外，必要时还需补充查找与查新项目内容相关的现刊，以防漏检。此外，还应当注意利用相关工具书如手册、年鉴等。

（3）在得出最终检索结果之前，有时会出现查到的文献极少甚至根本没有查到文献，或者查到的文献太多的情况。还需要对每次检索结果进行检验和调整，以扩检或者缩检。

12.7 完成查新报告

查新员按照下述步骤完成查新报告：

（1）根据检索结果和阅读的需要，索取文献原文。

（2）对索取得到的文献，根据查新项目的科学技术要点，分为密切相关文献和一般相关文献，并将相关文献与查新项目的科学技术要点进行比较，确定查新项目的新颖性，草拟查新报告。

（3）聘请查新咨询专家。在必要时，根据查新项目的所属专业和科学技术特点，以及其他实际情况，选聘若干名同行专家担任查新咨询专家。

（4）审核员根据本规范、相关文献与查新项目的科学技术要点的比较结果，对查新程序和查新报告进行审核。

（5）查新员填写查新报告。

（6）查新员和审核员在查新报告上签字，加盖科技查新专用章。

（7）查新报告由查新机构按年度统一编号，并填写查新完成日期。

（8）整理查新报告附件。附件包括密切相关文献的原文的复印件、一般相关文献的文摘。查新员应当对所有附件按相关程度依次编号。

12.8　提交查新报告

查新机构按查新合同规定的时间、方式和份数向查新委托人提交查新报告及其附件。

12.9　文件归档

查新员按照档案管理部门的要求，及时将查新项目的资料、查新合同、查新报告及其附件、查新咨询专家的意见、查新员和审核员的工作记录等存档；及时将查新报告登录到国家查新工作数据库。

13. 附则

（1）查新机构可根据《科技查新机构管理办法》和本规范制定机构内部的查新规章制度。

（2）本规范的附件包括：科技查新合同，科技查新报告。

（3）本规范自 2001 年 1 月 1 日起施行。

参考文献

1. 谢新洲，腾跃．科技查新手册．北京：科学技术文献出版社，2004.

2. 谢新洲. 电子信息源与网络检索．北京图书馆，1998.

3. 肖沪卫等．科技查新：研究与实践．上海科学技术文献出版社，2008.

4. 科技查新教程编写组．科技查新教程．北京：机械工业出版社，2001.

5. 霍仲厚．医药卫生科技查新教程．北京：军事医学科学出版社，2005.

6. 王彦吉．中国公安科技发展简史．北京：中国人民公安大学出版社，2010.

7. 戴勇敢．公安文献检索．北京：中国人民公安大学出版社，2003.

8. 汪勇．公安文献检索与利用．北京：中国人民公安大学出版社，2009.

9. 中国科学技术信息研究所.2014 年全国科技查新员培训教材，2014.

10. 科学技术部．科技查新规范，2000.

11. 科学技术部．关于大力发展科技中介机构的意见．科发政字〔2002〕488 号文，2002. 12. 20.